DANS LA MÊME COLLECTION

Pedro de Alcantara : *La Technique Alexander.*
Michel Anselme : *La Morale retrouvée.*
Claude-Marc Aubry : *Chasser la déprime... et profiter de la vie.*
Thierry Bernardin : *Guérir du passé.*
Jacques Bonhomme : *La Voix énergie.*
Bruno Comby : *Comment vous libérer du tabac.*
Bruno Comby : *Stress-control. Comment vous libérer du stress.*
Éric Dekany : *La Santé de notre mémoire.*
Patrick Estrade : *Vivre sa vie : comprendre, décider et agir.*
Patrick Estrade : *Le Couple retrouvé.*
Patrick Estrade : *Bonjour l'ambiance !... Comment améliorer les relations humaines en milieu professionnel.*
Patrick Estrade : *Parents/enfants : pourquoi ça bloque ?*
Moshe Feldenkrais : *Énergie et bien-être par le mouvement.*
Dominique Fromm : *Dire non, ça s'apprend !*
Gilbert Garibal : *Vers la confiance en vous en huit étapes.*
Gilbert Garibal : *Émotions : mode d'emploi.*
Gilbert Garibal : *En finir avec le trac.*
Alain Houel : *Comment faire face aux gens difficiles.*
Chantal Hurteau Mignon & Christophe Jaouën : *Cherche âme sœur.*
Dominique Jacquemay : *Tao. Bien-être et longévité.*
Mariann Kjellrup : *Vivre en harmonie avec son corps par l'eutonie.*
Thierry Loussouarn : *Transformez votre vie par la sophrologie.*
Dr Alexander Lowen : *La Spiritualité du corps.*
Dr Alexander Lowen : *La Joie retrouvée.*
Martine Montalescot : *Le Toucher relationnel.*
Leonard Orr & Konrad Halbig : *Rebirth. L'art de la respiration consciente.*
André Passebecq : *Votre santé par la diététique et l'alimentation saine.*
André Passebecq : *Psychothérapie par les méthodes naturelles.*
André Passebecq : *Mincir naturellement.*
Gérald Quitaud : *Vieillir ou grandir ?*
Marcel Rouet : *Relaxation psychosomatique.*
Marcel Rouet : *Maigrir et vaincre la cellulite par la détente nerveuse.*
Marcel Rouet : *La Maîtrise de votre subconscient.*
Douglas H. Ruben : *Le Sentiment de culpabilité.*
Alain Saury : *Régénération par le jeûne.*
Yvonne Sendowski : *Gymnastique douce.*
Debbie Shapiro : *L'Intelligence du corps.*
Jean Spinetta : *Le Visage, reflet de l'âme.*
Thierry Tournebise : *Chaleureuse rencontre avec soi-même.*
Doreen Virtue : *Image et amour de soi.*
Dr Herbert Wagner : *La Maîtrise du lâcher-prise.*

Le sentiment de culpabilité

Collection « **Psycho-soma** (le corps et l'esprit) »

L'AUTEUR :

En s'appuyant sur des méthodes bien documentées et qui ont fait leurs preuves sur le plan clinique en thérapie comportementale, Douglas Ruben, psychologue et auteur prolifique, a mis au point un **cours dynamique en dix étapes** destiné à combattre la honte – une maladie qui empoisonne la vie de beaucoup de gens actuellement dans une société qui entretient le stress et crée des besoins jamais satisfaits.

La culpabilité n'est pas un concept abstrait, ambigu ou spirituel ; c'est plutôt une action concrète que les lecteurs pourront facilement identifier, isoler et changer en suivant les étapes pratiques exposées dans ce guide pratique. Ces « étapes de changement » sont aussi tangibles et produisent des résultats immédiats quand on les applique correctement. Ce livre n'est pas qu'une simple promesse faite au lecteur lui affirmant qu'il « se sentira mieux » ; grâce aux techniques enseignées dans cet ouvrage, il éliminera tout sentiment de culpabilité, tel qu'on le trouve dans n'importe quelle situation affective.

Le docteur Ruben expose les problèmes spécifiques qui peuvent être surmontés grâce à sa méthode. Il s'agit du perfectionnisme, de l'évitement et de la fuite devant la peur, de s'approprier tous les problèmes et de répéter des relations qui nous sont néfastes.

Depuis 1983, Douglas Ruben a été l'auteur et le coauteur de plus de trente livres relatifs à tous les domaines concernant les thérapies comportementalistes et les problèmes d'addiction. Il a aussi signé un grand nombre d'articles sur ces sujets et a été de nombreuses fois invité à la radio et à la télévision dans tous les USA. Il est un orateur national et dirige souvent des ateliers sur différents thèmes concernant la parentalité, l'angoisse, la honte et les addictions.

Douglas H. Ruben
(docteur en psychologie)

Le sentiment de culpabilité

Dix étapes pour s'en libérer

Traduit de l'américain par Chantal Duchêne-Gonzalez
Édition française sous la direction de Aline Apostolska

16e mille

Éditions Dangles
18, rue Lavoisier
45800 SAINT-JEAN-DE-BRAYE

ÉDITION ORIGINALE AMÉRICAINE :

NO MORE GUILT.
Ten Steps to a Shame-Free Life.

Édition originale américaine :

Published by Mills & Sanderson, Bedford (USA)

Traduction française :

ISSN : 0397-4294
ISBN : 2-7033-0439-0

Rire, c'est prendre le risque de passer pour idiot.

Pleurer, c'est prendre le risque de passer pour sentimental.

Dévoiler ses sentiments, c'est prendre le risque de dévoiler sa vraie personnalité.

Mais ce n'est que celui qui risque qui est *libre.*

A ma femme Marilyn.

Préface

JE VOUDRAIS vous présenter Douglas Ruben, docteur en psychologie, auteur de ce livre. Je voudrais *vraiment* vous le présenter en personne. Je sais que si vous pouviez le rencontrer, vous seriez impressionné.

Son sourire et sa grande vitalité expriment la vision très optimiste qu'il a de la vie et qu'il sait transmettre. Après une rencontre, il est très difficile de le quitter en se sentant plus mal que lorsqu'on est arrivé. Il faudrait vraiment faire preuve de mauvaise volonté !

C'est la raison pour laquelle ce livre a une très grande force. Ce n'est pas seulement un livre de pensée positive qui vous fera vous sentir bien. Bien sûr, à la lecture de cet ouvrage vous vous *sentirez bien.* Cependant, vous y trouverez plus : des outils, des méthodes et des techniques que vous pourrez vraiment adopter et mettre en pratique dans le monde *réel,* c'est-à-dire celui de la culpabilité et de la honte.

Tout est compliqué dans un tel monde. Des complications affectives peuvent nuire à la capacité de penser et diminuer l'estime de soi. Donc, comment vous débattre au milieu de toutes ces complications ? *Souhaiter* aller mieux ne marche pas – ni d'ailleurs aucune trouvaille, astuce ou bonne action. Ce ne sont que des mesures de fortune dont l'effet ne durera pas. Vous voulez quelque chose qui *marche* et *qui peut coller avec vous pour toujours.* Vous voulez penser de façon plus saine. Vous voulez avoir l'esprit libre de tout sentiment de culpabilité. Et, pour aller du point A au point B, il faut faire ce que l'on fait en général quand on se perd : soit vous demandez votre route à quelqu'un qui connaît le chemin, soit vous consultez une carte routière.

Vous voici en possession de la carte routière tracée par quelqu'un qui connaît vraiment le territoire. La vision intérieure que possède le docteur Ruben du comportement – à la fois interne et externe – est incisive et cependant divertissante par l'approche qu'il propose, unique en son genre. Il va vous indiquer comment éviter les détours, emprunter le plus court chemin et profiter de tous les changements qui s'opéreront en vous tout au long du parcours. Vous allez trouver les VRAIES raisons qui mobilisent vos sentiments et vos comportements et la manière très spécifique d'agir sur eux, étape après étape.

Chaque chapitre vous fait un cadeau. Ce cadeau, c'est reprendre le contrôle de vous-même et retrouver votre puissance. Sans doute avez-vous perdu ce contrôle et cette puissance depuis assez longtemps déjà, peut-être même depuis votre enfance. Maintenant, vous êtes en train de retrouver ces capacités et vous allez apprendre à les conserver. Vous allez repousser ces sentiments de honte, de gêne et arrêter de vous percevoir comme victime. Vous ne serez plus une victime après avoir lu ce livre. Vous allez vous sentir renaître, vous serez plein de vitalité et prêt à aller de l'avant pour risquer votre *nouvelle personnalité* chaque fois que vous en aurez l'opportunité. Vous éprouverez un sentiment de jubilation.

Je vais vous dire pourquoi je le sais. J'ai eu le plaisir, pendant ma carrière, de participer à plusieurs émissions télévisées avec le docteur Ruben dans le pays entier. Deux choses me sont apparues d'emblée évidentes : sa grande expérience et sa connaissance de la conduite humaine alliées à une grande habileté et efficacité à communiquer. Avec ce livre, maintenant, vous avez un énorme avantage : vous avez accès à des connaissances qui ont aidé des milliers de gens et que, eux, ont acquises en consultation privée. Personnellement, j'ai pu constater que ses méthodes donnaient toujours de bons résultats.

Je suis heureux que vous nous ayez rejoint pour ce voyage qui va vous conduire vers une vie nouvelle. Attachez vos ceintures, ce voyage va être passionnant ! Un changement positif est toujours passionnant.

Je souhaite à tous une transformation réussie

Damon Reinbold
(Damon & Associates).

Damon Reinbold, hypnothérapeute diplômé, jouit d'une réputation mondiale en tant que spécialiste de l'hypnose. Il a une pratique privée depuis plus de vingt ans et s'est rendu dans tout le pays pour apprendre à des gens célèbres à arrêter de fumer, à perdre du poids, à avoir plus confiance en eux et à savoir diriger leur vie.
Sa compétence a permis la réalisation de plusieurs programmes télévisés américains. Ses techniques ont fait l'objet d'articles dans de nombreuses publications comme *U.S.A. Today* et *Time Magazine,* pour n'en citer que deux. Son talent vise à rendre conscient l'inconscient.

Avant-propos

CULPABILITÉ… Cela ressemble à un rhume. Vous reniflez, vous pleurez, vous vous sentez confus. Vous vous sentez étrange. Mais ce n'est que le commencement. Vos symptômes s'accentuent. Bientôt, cette culpabilité vous pénètre et contamine votre être tout entier. Votre moral est telle une montagne russe, avec des hauts et des bas : un jour vous vous sentez heureux, le lendemain déprimé. Chaque jour est différent et votre entourage peut le percevoir. Vous dites que vous allez bien, mais vous savez la vérité : vous n'allez pas bien. Vous avez peur. En vous, vos pensées tourbillonnent sans qu'aucune ne fasse sens. Tout ce que vous savez, c'est la chose suivante : vous ne pouvez pas vous enlever de la tête que *vous êtes quelqu'un d'horrible et que vous faites des choses vraiment horribles.*

Tel est le cycle insidieux de la culpabilité, un cycle qui affecte toute personne sensible. Vous passez des minutes, des heures, des jours et même des semaines à combattre ce cycle, mais la bataille n'est jamais gagnée. La culpabilité, c'est le coût à payer pour être vous-même, pour dire et faire des choses qui dérangent les gens et provoquent des disputes. Les personnes dont vous avez provoqué la colère vous détestent parce que vous êtes honnête et loyal. Elles vous en veulent pour avoir des idées personnelles qui les mettent mal à l'aise. Les gens n'aiment pas que vous fassiez ce qu'ils ne savent pas faire, que vous soyez différent ; vous devez donc avoir suffisamment de bon sens pour ne pas être différent.

Vous ne devez pas agir contre leur gré. *Comment osez-vous ! Vous devez vous accommoder au moule au lieu de vous faire remarquer. Allons ! Faites appel à votre bon sens !*

Donc, la culpabilité c'est votre feu rouge. Elle vous indique que vous êtes allé trop loin. Vous y êtes allé un peu trop fort et vous avez atteint vos limites. Vous êtes trop téméraire, trop exigeant, trop confiant et, pour l'amour du ciel, vous êtes trop intelligent. La culpabilité met un frein à tout ça. Voici votre dernière chance pour arrêter de faire *quelque chose de mauvais* avant de causer véritablement de grands chagrins au monde entier. Des avertisseurs lumineux clignotent pour vous sommer de changer immédiatement de comportement. Si vous ne le faites pas, les dégâts seront si graves, si irréversibles que plus personne ne vous aimera. Vous ne pouvez pas courir, ni vous cacher ; vous ne pouvez même pas dire que vous êtes désolé. Il n'existe pas de porte de sortie. C'est de votre faute et vous devez avoir honte. Donc, regardez les choses en face et mesurez les conséquences d'être aussi égocentrique et d'ennuyer tout le monde.

Est-ce vraiment de cette façon que la culpabilité attaque les gens ? Est-ce qu'elle emprunte le même cycle pour tout le monde ? Les réponses dépendent de deux choses : *de la peur que vous ressentez et de vos techniques, bonnes ou mauvaises, pour combattre la culpabilité.*

Enfant, aviez-vous peur des adultes, des amis, des situations nouvelles – peur à mort de ce que les gens pensaient de vous ? Cette description vous concerne-t-elle ? Si oui, vous souffrez d'une culpabilité extrême.

Et qu'en est-il de vos capacités à résoudre des problèmes ? Savez-vous gérer les conflits, les critiques et le rejet ? Votre sang se glace-t-il quand on vous dit que vous avez fait quelque chose de mal ? Ou peut-être répondez-vous d'un ton brusque en étant sur la défensive ? L'un ou l'autre extrême signifie que vous n'êtes pas assuré de vos réactions et de la confiance que vous faites à votre instinct. Mais votre instinct vous fait défaut à chaque fois !

Vous perdez la bataille que vous livrez à votre culpabilité parce que vos peurs et vos techniques mal adaptées conspirent contre vous. Vous vous fatiguez et abandonnez. Vous ne voyez jamais la lumière à la fin du tunnel parce qu'il y a trop d'obstacles qui obstruent la sortie. L'ennemi, ce ne sont pas les gens qui se trouvent dehors, là-bas, qui vous culpabilisent, mais plutôt *vos propres obstacles* qui sont la peur et vos techniques défaillantes pour combattre cette culpabilité.

Si vous êtes un adulte dont certains membres de votre famille ont été – ou sont encore – alcooliques, explosifs, peu démonstratifs ou peu communicatifs, la culpabilité a joué un rôle majeur dans vos plus jeunes années, et cela peut encore être un problème pour vous aujourd'hui. Ce livre s'adresse donc tout particulièrement à vous.

Le sentiment de culpabilité. Dix étapes pour s'en libérer dit bien ce que les mots veulent dire. Il est temps d'arrêter le cycle infernal du yo-yo qui, tour à tour, vous fait vous sentir heureux et triste parce que vous vous sentez responsable des problèmes des autres. Cet ouvrage le fait. Il offre de vraies stratégies pour développer votre compétence à vaincre la culpabilité. Ces stratégies ont été utilisées par plus de 1 000 patients qui ont souffert – tout comme vous – de la culpabilité. Ces personnes des deux sexes (la culpabilité n'est pas sexiste) appartiennent à des âges et à des milieux socioprofessionnels différents. La culpabilité affecte quiconque de la même façon.

Ces dix étapes vous aident sérieusement à livrer la plus dure bataille de votre vie. Que dire quand la honte peut frapper à nouveau et que vous voulez avoir les munitions pour l'écraser dans l'œuf. J'ai pu le faire en suivant ces étapes pas à pas. Vous avez entendu l'expression : « Tout le monde a un cadavre dans le placard. » Eh ! bien, je ne suis pas une exception ! Vous voyez, Madame la Chance n'a jamais visité ma maison. Enfant, j'étais très grand et très maigre ; je me sentais très mal dans ma peau. Les autres enfants me traitaient d'« asperge » et les lèche-bottes me bousculaient pour essayer de déclencher une bagarre. Je refusais mais ils me frappaient tout de même.

Dans l'équipe de basket on me disait que le plus grand joueur était le meilleur ; eh bien, bravo pour la tradition ! En général, j'étais la solution de rechange pour chaque match. Cela s'est produit avec la plupart des sports que j'ai pratiqués. Plus je me sentais mal à l'aise, plus mes parents me forçaient à pratiquer un sport. Ils voulaient que je fasse davantage d'efforts ; je voulais arrêter. Je savais que je ne pourrais pas bien jouer. L'équipe le savait et je le savais ; j'avais le sentiment d'être un imposteur. Finalement, j'ai abandonné le sport et essayé le théâtre. La scène a eu un effet thérapeutique parce qu'elle m'a obligé à prendre des risques en jouant avec les mots et les sentiments que d'autres trouvaient stupides. Mais il n'y avait rien de bête à cela. Je n'éprouvais plus ce sentiment d'imposteur, de même que je ne craignais plus de blesser les autres. Il m'apparaissait tout à fait normal de laisser les gens être mécontents, voire même me haïr s'ils le désiraient.

Maintenant, bien des années plus tard, des sentiments de honte réapparaissent une fois de temps en temps, me jouant des tours sur la perception que j'ai de la situation. Mais quand ces sentiments surviennent, je mets en place une technique spécifique qui bloque ma peur et me permet de rester calme dans une situation frénétique. C'est ainsi que vous vous sentirez une fois que vous maîtriserez cette approche en 10 étapes et que vous réaliserez comme il peut être facile de contrôler la culpabilité. Ne vous laissez pas duper par votre âge, par votre enfance horrible ; cela veut tout simplement dire que ces étapes vous aideront encore plus. Donc en avant ! Dès maintenant mettez-vous au travail pour rendre votre vie plus heureuse et pour la débarrasser de tout sentiment de culpabilité.

Douglas H. Ruben
(Okemos, Michigan, 1993).

ETAPE N° 1

Qu'est-ce que la culpabilité ?

Si l'amour c'est « ne jamais avoir à dire qu'on est désolé », qu'est-ce que la culpabilité ? Eh bien, c'est tout le contraire ! C'est se sentir obligé de dire que nous le sommes. La culpabilité, c'est être constamment envahi par le sentiment que tout ce qu'on fait pour soi ou pour les autres n'est jamais assez : « Vous auriez dû le faire mieux, plus rapidement ou comme on vous a dit de le faire ! » Cela vous aurait épargné des erreurs, et les erreurs sont des péchés majeurs.

La culpabilité, c'est le terrible fléau de devoir s'excuser sans cesse pour n'importe quoi et pour tout ce que vous pensez, ressentez et faites. On doute aussi des personnes avec qui on fait les choses, la raison pour laquelle on les fait et le lieu où on les fait. Le jury est toujours en séance, en train de débattre de votre destin et prêt à prononcer un verdict. Et le verdict ressemble à une peine de mort. Vous pourriez tolérer de vous battre à mort, sachant que la fin est proche, mais ruminer sur ce que les gens pensent pendant des jours et des jours ressemble à une peine de mort qui n'en finirait pas. L'agonie est interminable. Le châtiment ne correspond jamais au crime. Mais, dans votre tribunal mental, le juge et les jurés vous considèrent toujours comme l'accusé ; il vous faut toujours lutter pour vivre.

1. Pourquoi vous sentez-vous toujours coupable ?

Le premier pas que vous devez faire pour vous débarrasser de votre culpabilité, c'est de savoir pourquoi vous luttez toujours pour vivre, pourquoi vous vous sentez toujours coupable. Recherchez les faits exacts et les vraies raisons qui vous ont empêché de vous en débarrasser de vous-même.

La culpabilité, en glissant dans votre gorge, vous étouffe et vous fait douter de vous. Même quand vous vous dites : « D'accord, maintenant cela suffit », ces paroles d'encouragement sont de courte durée. Un seul conflit, critique ou rejet, et vous voilà déstabilisé. Cela va aussi vite que ça.

Des projectiles de désapprobation jaillissent de nulle part et vous prennent au dépourvu. Des tireurs isolés attaquent votre côté conciliant et vulnérable qui dit : « Bien sûr, je vais t'aider » au moment même où vous vous sentez plein d'entrain, où vous pensez que vous contentez tout le monde et que les choses vont bien. Mais votre côté insouciant s'effondre en mille morceaux. Votre bonheur est par terre ; vous vous retrouvez plein de haine pour vous et les autres, et vous vous demandez ce que vous auriez bien pu faire pour éviter ce dernier drame.

Les crises de culpabilité sont très fréquentes, mais imprévisibles. Vous ne savez pas au juste quand la prochaine surviendra. Mais, soyez-en sûr, pas un jour ne se passe sans qu'il apporte avec lui une bonne dose de culpabilité. C'est la raison pour laquelle vous devez savoir exactement ce qu'est la culpabilité de fond en comble. Si vous définissez avec exactitude ce qu'est la culpabilité, vous ne penserez plus que vous avez « attrapé le virus », alors que ce que vous ressentez est vraiment autre chose. Ceux qui se sentent toujours coupables ne peuvent faire la différence entre la culpabilité et d'autres sentiments, parce que la culpabilité est trop prégnante. Si vous souffrez de culpabilité depuis longtemps, il est vital de savoir ce qu'elle est et ce qu'elle n'est pas. Donc, venons-en au fait, une bonne fois pour toutes.

2. La culpabilité se manifeste par…

– Des **pensées :** la culpabilité, c'est répéter sans cesse les jugements inadéquats inculqués dès l'enfance et qui continuent à gouverner notre vie.

– Des **sentiments :** la culpabilité, c'est ressentir une tension musculaire, l'envie de pleurer, de la peur – même une peur panique – pendant ou juste après les interactions.

– Des **conduites :** la culpabilité, c'est réagir à ses pensées et à ses sentiments par des attitudes extrêmes, soit en ne disant rien et en se repliant sur soi, soit en se défendant avec agressivité.

La culpabilité se met en marche dès que vous vous réveillez le matin. Mais la culpabilité n'est pas un processus mystérieux difficile à définir. Les rouages font partie d'un engrenage dont le mouvement serait le suivant :

1. Vous dites ou faites quelque chose (presque rien), soit seul, soit accompagné.

2. Vous regardez immédiatement autour de vous pour contrôler les réactions de votre entourage. Leurs paroles et gestes ou mimiques sont pris au pied de la lettre. Vous analysez la moindre chose, tout ce que la personne dit, fait ou pourrait dire ou faire. Si vous êtes seul, vous vous examinez vu d'en haut, comme si vous étiez un autre en train d'examiner ce que vous venez de dire ou de faire. La façon dont vous pensez que les autres vont réagir devient aussi réelle que si quelqu'un était vraiment en train de vous regarder.

3. Vous faites le constat que votre réaction a été ridicule, que vous avez failli faire – et fait – preuve d'un manque de compétences et vous en recherchez la cause. Les raisons que vous énoncez ne vous aident en rien, car ce sont des réprimandes ; vous vous reprochez vos actes et vos paroles. Vos reproches ressemblent à ceci : « Tu aurais dû… Pourquoi n'as-tu pas ?… » et sont toujours suivis d'un pressant : « Désormais, tu ferais mieux de… » Le processus n'est pas long. Les jugements vous traversent l'esprit en quelques secondes. Ils

sont rapides, douloureux et laissent toujours leur empreinte : la honte.

4. Vous essayez de vous sortir de la situation. Si vous vous trouvez accompagné, vous agissez de manière à ne pas blesser d'autres personnes. Vous pouvez également vous mettre en colère, perdre votre sang-froid et hurler, traiter la personne de tous les noms ou balancer des objets... tout cela pour échapper à votre terrible sentiment d'humiliation. Si vous vous trouvez seul, vous pleurez, vous hurlez peut-être le nom des gens qui vous ont blessé par le passé et vous pouvez même avoir une crise de rage. En d'autres termes, même seul, vous réagissez comme si vous étiez entouré de gens.

5. D'accord, vous vous êtes sorti de la situation. Vous êtes en sécurité, mais pas tout à fait sorti d'embarras. Maintenant, c'est le moment de réfléchir sur ce qui vient d'arriver. Vous le faites dans votre salle vidéo privée. Vous vous repassez la bande de ce que vous venez de dire ou de faire, sans cesse et sans cesse. Vous vous imaginez ainsi les autres : ce qu'ils ont dit, ce que vous avez répondu et ce que vous auriez dû faire à la place. C'est alors que vous insérez de nouveaux dialogues, de nouvelles contraintes ; mais cela ne vous met pas à l'abri d'autoreproches, d'avoir mal fait alors que vous auriez pu bien faire. Vous vous jurez que cela sera différent la prochaine fois.

6. Court sursis. Vous avez un répit temporaire et la culpabilité ne vous assaille plus, mais il n'en est pas de même de l'anxiété. C'est la réaction type qui suit toute crise de culpabilité et consiste à se demander si une autre crise n'est pas en train de se préparer, et si vous devez déjà vous y préparer en l'anticipant. Vous vous réglez sur le monde ; votre esprit ressemble à une radio à ondes courtes qui détecterait tout avertissement éventuel de culpabilité. Tout votre corps est tendu ; vous marchez sur des œufs. Si vous êtes en présence d'autres personnes, vous marchez sur la pointe des pieds, tout doucement. Vous dites ce qu'elles veulent entendre et ne parlez que si on vous adresse la parole. Vous êtes prêt à tout, vous vous attendez à tout.

Cela étant dit, vous savez maintenant que votre culpabilité suit un ordre étrange. Vos pensées, vos sentiments et vos conduites sont synchrones pour la déclencher.

Quand se produisent ces déclenchements de culpabilité ? Surgit-elle comme un lion qui traque sa proie avant l'attaque ? Non, pas vraiment. Les accès de culpabilité sont bien plus simples et pas tels que vous le pensez. Vous ne pouvez pas pointer du doigt toute une série de déclarations ou d'actions communes à plusieurs personnes comme des « déclencheurs de culpabilité ». Il est difficile de le faire à cause de la première règle que voici :

3. Règle n° 1

> ***Personne ne déclenche votre culpabilité. La culpabilité n'est pas une force extérieure qui fait irruption dans votre vie. Si elle fait son apparition, c'est parce que, par mégarde, vous l'avez invitée à venir dans votre monde. Vous déformez ce que les gens disent ou font, causant par là votre propre culpabilité.***

Cette déclaration sonne faux, n'est-ce pas ? Intuitivement, vous savez pertinemment que ce que dit votre conjoint vous touche profondément. Par ses remarques cinglantes, votre belle-mère enfonce aussi profondément ses crocs. Donc, la culpabilité *donne l'impression* d'être extérieure. Mais la seule chose extérieure, c'est l'attitude des gens. La grande variété de conduites qu'ont votre conjoint, vos enfants, vos amis et vos parents déclenche votre *culpabilité*. Votre conjoint peut vous reprocher que les pommes de terre de la salade composée sont gorgées d'eau. Qu'est-ce qui pourrait être pire ? En quoi cela est-il évident ? « A cause de lui, je me sens coupable pour tout ce que je fais mal. C'est toujours comme ça ! » Voici un cas transparent de « c'est lui qui a commencé ». Fin de la discussion.

Mais est-ce vraiment ça ? C'est vous qui le dites ! Vous êtes sûre que c'est lui le responsable car, selon vous, une fois sur deux lorsqu'il ouvre la bouche c'est pour dire que vous faites mal les choses. Il est peut-être négatif, mais ce n'est pas lui qui déclenche votre culpabilité, c'est vous. Tout ce qu'il fait, c'est dire les choses. Vous faites tout le reste. Vous tombez dans le piège des six réactions de culpabilité.

Qui plus est, qu'est-ce qui fait que lui ou d'autres personnes déclenchent cette habitude de culpabilité ? Ce qui déclenche la culpabilité, ce sont des mots et des gestes qu'il n'adresse pas qu'à vous ; il agit de la sorte avec *tout le monde.* Mais, apparemment, cela ne dérange pas les autres. Vous êtes la seule personne qui réagisse en se sentant coupable, parce que les autres se rendent compte que ces mots et gestes sont des réactions que l'on tolère dans des situations sociales quotidiennes. Votre conjoint n'est pas le seul à les utiliser ; tout le monde le fait. Ce sont des commentaires de routine, des gestes et des mimiques infiltrés dans le tissu de la vie. Il n'y a rien d'anormal à cela ; ce sont des choses qui arrivent normalement tous les jours. C'est maintenant de votre responsabilité d'apprendre à accepter ces choses comme normales.

Certaines conduites courantes chez les autres peuvent être source de culpabilité : on vous accuse de faire mal les choses, vos proches se reprochent de ne pas répondre à vos attentes, vous blâment de ne pas vivre selon vos propres attentes, on est agressif à votre égard ou on se fâche contre vous, on agit derrière votre dos, on vous dit que vous ne savez pas faire ou : « N'importe qui d'autre que toi aurait mieux su... », on fait quelque chose de mal ou de stupide, on vous demande pourquoi vous avez fait telle chose, on vous regarde bizarrement ou on vous demande de faire quelque chose que vous ne voulez pas faire...

Même si ces conduites sont normales, elles ne sont pas pour autant *justifiées.* Cela peut sembler normal de demander à quelqu'un pourquoi il rentre toujours tard et de dire ce qu'on en pense. Nous avons le droit d'avoir des opinions propres. Cependant, certaines opinions peuvent être intrusives, négatives ou blessantes. Malgré tout, ce ne sont pas elles qui déclenchent votre culpabilité. Vous le faites vous-même. Pour éclaircir ce point, pensez-y selon les termes de la règle n° 2 :

4. Règle n° 2

> ***Il est normal que les gens réagissent différemment aux expériences normales de la vie. Ce qui compte, c'est la façon dont ces gestes sont interprétés. Les réactions normales des autres ne provoquent pas de culpabilité chez les gens normaux – même si cette réaction est inadéquate. Ne confondez pas*** normal ***avec*** juste ***ou*** approprié.

Donc, si vous pliez l'échine parce que votre patron vous traite de paresseux, souvenez-vous que sa remarque est normale. Tous les patrons du monde entier font ce genre de remarques. Ce n'est donc pas votre seul employeur qui fait ce genre de choses. Mais en quoi sa remarque est-elle justifiée ? Ça, c'est une autre histoire. Elle peut être injustifiée pour plusieurs raisons. Dans ce cas, vous devez répondre de façon ferme. Nous verrons comment y parvenir à l'étape n° 4.

Et si vous pensez encore que cette idée est folle, préparez-vous à une idée plus folle encore : non seulement c'est vous qui vous rendez coupable, mais vous *aimez* vous sentir coupable. « Quoi ? Ça me plaît ? C'est scandaleux ! » En aucune manière. Mais attendez un peu. Ne vous mettez pas en colère. Continuez à lire. Je sais bien que cette idée ne vous plaît guère.

« Comment puis-je aimer me sentir coupable, si ce que je veux c'est me débarrasser de ma culpabilité ? » C'est facile. Vous le faites depuis si longtemps que cela vous semble naturel. Vous savez ce qu'il faut dire ou faire. C'est une seconde nature pour vous ; vous respirez, vous mangez, et *vos habitudes plaident coupables.* Vous sentir coupable est instinctif pour vous, qui réagissez de façon réglée et au moindre signal. Ce sont des habitudes qui sont tissées profondément dans votre personnalité depuis l'enfance. Spontanément, certaines personnes sont des leaders, d'autres sont douées pour la musique... vous, vous avez une propension à vous sentir coupable.

En fait, il vous est difficile d'imaginer une vie sans culpabilité. Se sentir coupable, c'est être effrayé, anxieux, douter de soi, avoir des réactions d'évitement et de fuite, être dépressif et agressif. Toutes ces habitudes qui expriment la culpabilité entraînent dans votre vie, pour un oui ou pour un non, des hauts et des bas que vous pouvez *prévoir*. Vous savez quand ces cycles commencent et quand ils finissent. Vous savez combien ces périodes peuvent être douloureuses et vous connaissez les moyens de calmer cette douleur. Vous savez comment feindre le bonheur lorsque la culpabilité vous attaque et quand succomber à cette dernière. Vous avez maîtrisé la culpabilité pour pouvoir survivre parce que vous croyez qu'elle ne s'en irait jamais. Et maintenant que tout peut changer – que la culpabilité peut être éliminée – vous frissonnez de peur. *Que ferai-je sans elle ?*

La culpabilité accompagne vos émotions lorsque vous rencontrez dans votre vie des obstacles misérables. Vous les surmontez en toute sécurité et vous vous retrouvez indemne si vous adoptez une stratégie de routine en vous mettant sur pilote automatique. Mais essayez de rompre cette habitude et vous sentirez une résistance. *Pourquoi, bon sang ?* Les habitudes vous protègent de votre pire ennemi : la vulnérabilité. Vous changeriez de trajectoire pour vous éviter d'être vulnérable. Vous diriez et feriez n'importe quoi, vous iriez même jusqu'à défendre les habitudes de culpabilité que vous haïssez, uniquement pour empêcher que les gens voient que vous êtes stupide, incompétent ou que vous n'êtes pas parfait. C'est à ce stade que commence la règle n° 3. Elle vous autorise à vous méfier d'une vie exempte de culpabilité. Elle dit que c'est normal de se sentir peu enthousiaste face aux changements décrits dans ce livre. Vous faites des efforts pour changer, et c'est suffisant. Vous n'avez pas à faire tout immédiatement, vous pouvez vous déplacer à votre propre rythme.

5. Règle n° 3

Vous êtes aux prises avec les habitudes de culpabilité. Perdez l'habitude de vous sentir coupable en essayant progressivement ces nouvelles stratégies. Plus ces stratégies vous sembleront factices, simulées ou étranges, plus vous pouvez être sûr qu'elles marcheront. Mais si vous essayez de nouvelles choses qui vous semblent immédiatement naturelles et confortables, prenez garde à ce que les vieilles habitudes ne reviennent. De nouvelles stratégies ne semblent jamais naturelles et confortables d'emblée.

La culpabilité commence et s'arrête surtout de six manières :

1. Vous réagissez à une situation.
2. Vous passez en revue la façon dont les autres ont réagi.
3. Vous vous donnez des règles sur la façon d'avoir tort et d'être stupide.
4. Vous essayez de sortir de la situation.
5. Vous vous rejouez la situation en essayant de découvrir ce que vous avez mal fait.
6. Vous pensez à l'avance aux futures erreurs, en restant sur vos gardes, anxieux et en vous attendant au pire.

Vos premiers outils pour combattre des sentiments intuitifs de culpabilité sont donc les trois règles suivantes :

Règle 1 :
Vous êtes l'auteur de votre propre culpabilité.

Règle 2 :
Ne prenez pas des réactions normales pour des « déclencheurs de culpabilité ».

Règle 3 :
Combattez les habitudes qui induisent la culpabilité.

Mettez-vous ces règles en tête. Vous avez devant vous les plus belles années de votre vie, parce que la culpabilité est en train de disparaître. Vous en êtes responsable. Vous en avez le contrôle pour le moment, mais contrôler ainsi votre culpabilité peut vous sembler étrange et peu familier. Vous pensez peut-être que cette méthode pour ne plus se sentir coupable ne marche pas. Mais si. N'ayez pas peur. Elle marche très bien !

ETAPE N° 2

Repérez votre culpabilité

ENFIN, UNE CHANCE de ne plus vous sentir coupable vous est offerte ! Le chapitre qui suit examine au microscope vos réflexes de culpabilité ; vous saurez ainsi *ce qu'il ne faut pas faire.* Ces schémas de comportement sont très clairement décrits. Pas moyen de les manquer. Préparez-vous à une étrange expérience.

Il pourra vous sembler mystérieux de voir cités des comportements qui vous décrivent si parfaitement. On ne s'attend pas à se voir dépeint avec tant d'exactitude dans un livre. Après tout, à chacun sa culpabilité ; c'est une expérience unique. Mais la culpabilité a aussi de nombreux dénominateurs communs, surtout chez les enfants de parents alcooliques ou élevés dans des familles à problèmes. Ne soyez donc pas surpris si vous vous reconnaissez plus d'une fois dans les pages qui suivent.

1. Pourquoi ce sentiment de honte ?

Les autres pensent-ils que ce que vous faites est mal ? Vous n'êtes pas sûr que ce soit mal, mais tout le monde en est persuadé. C'est ce que pense votre patron, vos amis aussi… et même votre conjoint. Que ce soit une chose ou l'autre, tout ce que vous faites ou dites est mauvais. Il ne semble pas y avoir d'issue. Le blâme est omniprésent.

Vous vous sentez honteux, humilié et très ennuyé d'être mauvais. Vous reconnaissez-vous dans ce qui suit ?

Est-ce que...

– Vous êtes souvent sur la défensive ?

– Vous êtes souvent en colère contre les autres ?

– Le succès des autres vous dérange ?

– Vous vous plaignez souvent des autres ?

– Vous ne faites confiance à personne ?

– Vous détestez vous lancer dans la nouveauté et manquez d'initiative ?

– Vous trouvez des excuses pour éviter les problèmes ?

– Vous attendez toujours la réaction des autres ?

– Vous détestez le changement ?

Ce sont là quelques caractéristiques du sentiment de culpabilité. Combien de ces traits vous décrivent-ils ? Pas beaucoup dites-vous ? Allons, vous en possédez bien un ou deux ? Aucun ? Si un ou deux de ces critères vous caractérisent, c'est probablement parce que vous y mettez vraiment du vôtre. Par exemple, vous vous persuadez vous-même que vous *devez* y correspondre puisque vous éprouvez tout le temps un tel sentiment de honte. Peut-être avez-vous entendu les autres vous accuser de ces traits et c'est devenu votre seconde nature d'accepter de vous voir comme ça.

Mais se sentir coupable ne signifie pas être réellement coupable de quoi que ce soit. Cela ne rend pas plus correcte la perception que les autres ont de vous. En voici la preuve : jetez un coup d'œil à la liste de propositions qui suit et vous déciderez ensuite si elles vous conviennent mieux. Commencez en disant :

J'ai honte parce que...

...je suis toujours le dernier à finir ce que j'ai à faire.

...je suis toujours en colère contre moi-même.

... je ne crois jamais que ma vie soit assez bien ou qu'elle résiste à l'inspection.

... je n'accepte jamais de compliments ou de louanges.

... je ne peux jamais me détendre car je suis toujours en retard.

... je me sens toujours empoté ou incompétent.

... je ne sais jamais vraiment ce que je suis en train de faire.

... j'ai toujours le sentiment que personne ne m'aime et n'est satisfait de mon attitude.

... je retrouve toujours, après coup, des erreurs que j'ai commises.

... je n'ai jamais de pensées heureuses comme les autres.

... j'évite toujours, ou presque, les conflits.

Est-ce que cette liste vous ressemble davantage ? Je parie que oui. Il y a à cela une bonne raison : c'est que les gens qui se sentent coupables ont très peur de heurter les autres. Ils en sont si effrayés qu'à chaque instant de chaque minute de chaque jour ils anticipent en pensée pour savoir qui sera le prochain à les haïr, qui sera celui qui va révéler leurs erreurs et faire d'eux la cible des risées en famille ou au travail ? Ils se torturent eux-mêmes et détestent chaque détail de chaque séquence de leur comportement, se persuadant qu'il ne peut y avoir rien de bon chez eux. Ils sont mauvais, il faut qu'ils le soient ; ils ont sûrement fait *quelque chose* de mal.

Anticipez-vous toujours les situations suivantes ?

– Qu'est-ce qui va se passer si j'ai fait une erreur ?
– Que va-t-il se passer si j'ai fait de la peine à quelqu'un ?
– Qu'est-ce qui va arriver si j'ai gêné quelqu'un ?
– Que va-t-il advenir si j'ai fait échouer quelque chose ?
– Que va-t-il se passer si j'ai l'air idiot ?
– Qu'est-ce qui va arriver si je perds mon sang-froid ?
– Qu'est-ce qui va se passer si j'attire l'attention sur moi ?

Et voici le plus douloureux de tout : on pourrait m'abandonner ! Quelle horreur ! Etre abandonné, c'est absolument démoralisant. Mes parents me délaissent, mes amis aussi. Mes petits (ou mes petites) ami(e)s me quittent. Regardons les choses en face : personne ne m'aime. Tout le monde sait que je n'ai jamais été, ne serai jamais et ne pourrai jamais être quelqu'un de bien.

Quand cela finira-t-il ? C'est en vous-même que se trouve la réponse. Vous pouvez y mettre un terme en apprenant la façon adéquate de rompre le cycle de la culpabilité auto-proclamée et de mettre fin à votre éternel besoin de vous prouver que vous êtes fautif. **Vous n'êtes pas coupable ; vous seul pouvez vous en persuader.**

2. Comment les autres arrivent-ils à vous culpabiliser ?

Je parie que ce matin, au réveil, vous vous sentiez déjà coupable. La famille, c'est bien connu, a l'art de culpabiliser ses membres. Bien sûr, ce n'est pas exprès, personne ne le fait exprès. Mais au cours des événements quotidiens, des erreurs sont commises et le blâme en retombe sur le maillon le plus faible. C'est encore un exemple de la théorie de Darwin sur la survie du plus apte. On ne fait pas de reproches à celui pour qui tout va bien ; le blâme va à celui qui lutte pour sa survie.

Les familles, à la recherche de leur maillon le plus faible, fondent sur leur bouc émissaire comme sur une proie. Il s'agit de la personne la plus aisément intimidable, celle qui est avide de punition : l'enfant le plus jeune, le plus âgé ou celui du milieu, cela n'a pas vraiment d'importance. C'est celui qui peut encaisser les méchancetés les plus grossières, les insultes et les critiques qui sera fustigé. D'ordinaire, les boucs émissaires ont trois choses en commun :

– Ils ont peur des conflits.
– Ils aiment porter secours et se donnent beaucoup de mal pour maintenir la paix.
– Ils font des tas de choses pour les autres.

Qu'on appelle ça *souci de l'autre, sens exagéré des responsabilités* ou, tout simplement, *manque de chance,* les boucs émissaires assument la culpabilité des autres membres de la famille, leur ôtant ainsi l'épine du pied. Si vous jouez le rôle de bouc émissaire familial, voici certaines des attitudes que vous adoptez – à tort – pour épargner à vos parents et à vos frères et sœurs le poids de la faute :

– Vous vous excusez sans cesse.

– Vous vous blâmez vous-même, même lorsque la faute incombe clairement à d'autres.

– Vous vous disqualifiez ou vous critiquez vous-même.

– Vous peignez en rose les situations les plus sombres.

– Vous fantasmez sur ce qu'il en serait si tout était parfait.

– Vous minimisez l'ampleur des problèmes.

– Vous promettez de résoudre le conflit alors que vous n'avez pas l'intention de faire quoi que ce soit.

3. Pourquoi croyez-vous être coupable ?

Le sentiment de culpabilité est le fruit de nombreux événements du passé. Cela a commencé dans l'enfance : garçons et filles remarquent que les gens « bien » sont ceux qui exercent l'autorité – maman et papa – et qu'être comme maman et papa, c'est « bien ». Ne pas réussir à vivre comme maman et papa – ou comme on *imagine* qu'ils voudraient vous voir vivre – signifie que vous ne valez rien. Vos efforts pour vous hisser à la hauteur de ces attentes deviennent l'étalon auquel vous mesurez tout ce que vous faites.

Observez la communauté dans laquelle vous avez grandi. Appartenait-elle à un groupe ethnique ou religieux ? Viviez-vous conformément à certaines coutumes sociales ? Ou bien, apparteniez-vous à une classe de gens ayant leurs propres règles, rites et attentes ? Peut-être tout cela en même temps. Vous sentiez-vous à la hauteur de ces attentes ? L'éducation juive orthodoxe induit un fort endoctrinement sur ce qui est bien ou mal. Il en est de même d'une éducation catholique ou protestante. La classe sociale joue dans le même sens, col bleu ou col blanc c'est sans importance. On vous a dit comment vous deviez parler, vous asseoir, réagir et qui vous deviez choisir comme partenaire. Il y a une bonne et une mauvaise manière, du moins c'est ce qu'il semble. Tout compromis est hors de question. Il faut agir de *cette* façon et pas autrement, et que Dieu vous aide !

Les particularités de votre enfance rejaillissent à chaque occasion dans votre vie. Ce que vous portez, mangez et même vos films préférés… tout cela porte la marque des influences de votre enfance. Vous êtes le produit d'une longue éducation. Les choses que l'on vous a apprises vous seront-elles bénéfiques au cours de votre existence ? Cela dépend de votre façon d'aborder les défis. Une approche ambitieuse implique une certaine flexibilité ; le risque est accepté et ce que les autres pensent de vous est sans importance. Une approche frileuse implique le contraire : vous manquez de souplesse, vous êtes hypersensible aux erreurs et hautement critique à l'égard de vos fautes.

Cela a commencé dès l'enfance. Se sentir coupable, c'est avoir traversé beaucoup des expériences suivantes. Cochez celles qui vous concernent :

❒ Vos parents vous rabaissaient ou vous punissaient beaucoup.

❒ Vos parents disaient souvent que vous ne feriez jamais rien dans la vie.

❒ Vos parents étaient comme chiens et chats.

❒ Vos parents vous rendaient responsable de leurs erreurs et de leurs disputes.

❒ Vos fautes étaient terriblement critiquées.

❒ Vos pairs étaient toujours « mieux que vous ».

❒ Ce que vous faisiez de bien était méprisé ou ignoré.

❒ Vos parents refusaient d'entendre vos raisons.

❒ Vos parents vous disaient de ne pas vous vanter.

❒ Vos parents soulignaient que vous n'étiez pas meilleur que les autres.

❒ Vos parents vous rappelaient que dans ce monde de solitude il est absolument essentiel d'avoir des amis.

❒ Vos parents vous punissaient pour votre indépendance.

Vous en avez coché un bon nombre ? Rien de surprenant. Ce sont là des erreurs que les parents font communément et qui entraînent ce sentiment de CULPABILITÉ. Cette culpabilité, c'était bien commode pour des parents qui ne connaissaient pas d'autres moyens d'exprimer leur colère que de vous en rendre responsable.

Si la colère et la fureur rendaient compte de votre vie de famille, analysez la forme qu'elles prenaient :

❒ La colère tombait au hasard, on ne pouvait jamais savoir quand elle frapperait.

❒ La colère était explosive, elle apparaissait et disparaissait aussi vite.

❒ La colère était perpétuelle, jamais un moment de répit.

❒ La colère était arbitraire, tantôt les mots, tantôt les coups.

❒ La colère n'avait pas de cible particulière, tout le monde pouvait faire l'affaire.

❒ La colère s'accompagnait toujours de critiques.

❒ La colère signifiait toujours que le pire était encore à venir.

Combien de fois vous êtes-vous caché dans votre chambre, sous le lit ou dans la salle de bains pour échapper à cette colère ? Elle était toujours là, vous suivant à la trace sans laisser deviner l'heure de son retour. Pas d'indices, rien que la surprise ; de mauvaises surprises. Des surprises auxquelles vous n'étiez pas préparé parce que vous n'aviez aucun moyen d'y faire face. Quelle que soit sa forme, cette colère vous laissait blessé, paralysé ; vous vous sentiez totalement responsable de ce qui s'était passé. *C'était votre faute – nul besoin de savoir pourquoi ni comment, vous saviez seulement que vous aviez fait quelque chose de mal.*

Dans l'enfance, cela suffit pour penser que tout le monde est saint et que vous êtes le seul pécheur. Cela suffit pour penser que votre famille conspire contre vous, parce que vous êtes un monstre. Tous les griefs concernant votre personnalité ou vos actes étaient justifiés. Vos amis et votre famille le *savaient* alors, les gens ont sûrement raison – aujourd'hui – de vous blâmer.

Cette conclusion ne pose qu'un seul problème : *qui a dit que votre famille et vos amis avaient raison ?* Peut-être que lorsque vous vous sentez coupable vous réagissez simplement en fonction de votre histoire, où que beaucoup de gens vous traitaient comme tel.

Et cela a continué à chaque étape de votre vie : de l'école à de nouvelles rencontres, au choix d'une carrière... trébuchant d'un problème à l'autre, d'une relation insatisfaisante à une autre, le doute accompagnant chacun de vos actes. Mais ce n'est pas vous qui faisiez mal. Ce sont d'autres personnes qui se trompaient mais ne pouvaient supporter le mal entraîné par leurs erreurs. Alors, elles se débarrassaient de la douleur, la rejetant sur vous. Vous deveniez la décharge à ordures de leurs problèmes. Pire encore, vous, vous n'avez jamais eu personne sur qui vous décharger de vos problèmes. Et vous se saviez pas comment retourner ces problèmes à leurs légitimes propriétaires. Alors, qui donc a manqué de chance ?

Eh oui ! C'est encore vous !

4. Profil d'un présumé coupable : « Est-ce bien moi ? »

Pour le moment, disons que c'est bien vous. Vous êtes prisonnier de vos attitudes de culpabilité. Toute la journée, ces habitudes contrôlent tout ce que vous faites. C'est comme de respirer.

☞ ***Vous aimez faire plaisir aux gens.*** Cela signifie que :

– Vous faites ce que les autres vous disent de faire.

– Vous faites passer les besoins des autres avant les vôtres.

– Vous pensez que tout est égoïsme ; plus vous en faites pour les autres, plus vous vous sentez moral.

– Vous aimez écouter les gens ; vous buvez leurs paroles et leurs plaintes, vous vous noyez dans leurs histoires comme si c'étaient les vôtres.

Vous perdez votre sang-froid à cause de l'opinion des autres. C'est-à-dire que :

– Vous vous énervez de ne pas savoir faire quelque chose.

– Vous vous énervez de commettre une faute et blâmez les autres pour votre erreur.

– Vous vous énervez de penser qu'on va vous critiquer ; vous devancez la critique.

– Vous vous énervez pour échapper à une situation délicate ou intime, où vous craignez de vous ridiculiser.

– Vous vous énervez quand d'autres occupent le devant de la scène ; il est effrayant d'être un leader, mais c'est encore pire de perdre contrôle.

Vous devenez anxieux et vous paniquez. Cela signifie que :

– Votre anxiété monte si vous sentez une tension ou si vous pensez qu'un conflit est imminent, un peu comme un baromètre.

– Vous vous sentez paniqué si vous ne pouvez ni éviter, ni vous échapper, ni agir en cas de tension ou de conflit.

– Vous avez l'impression que vous allez être humilié, embarrassé ou critiqué.

Vous ne dites jamais rien. Cela veut dire que :

– Vous restez en dehors de la situation.

– Vous vous tenez bien tranquille pour que personne ne se fâche après vous.

– Vous ne pouvez regarder quelqu'un dans les yeux.

– Vous vous sentez au bord des larmes.

Vous fuyez. Cela signifie que :

– Vous prenez la tangente lorsque vous vous sentez mal à l'aise.

– Vous sautez peut-être dans la voiture, juste pour conduire.

– Vous courrez peut-être chez un ami ou un proche, parfois même chez vos parents.

Vous abusez de substances nocives. C'est-à-dire que :

– Vous buvez de la bière ou des mélanges, fumez cigarettes ou marijuana, ou utilisez d'autres produits toxiques ou chimiques quand vous vous sentez mal.

– Vous devenez exalté ou «vous vous envolez» lorsque vous vous sentez nerveux et effrayé.

– Vous aimez boire ou fumer parce que cela vous permet de vous sentir quelqu'un d'autre – libre de toute culpabilité.

Vous vous sentez émotionnellement paralysé. C'est-à-dire que :

– Vous paniquez lorsque vous vous sentez désarmé ou pensez avoir fait quelque chose de mal.

– Vous restez immobile, muet, sans rien faire – vous avez l'impression que tout votre corps est engourdi.

– Vous êtes obnubilé par votre «monstruosité» et par la perspective du châtiment.

Vous êtes soudain très attentif. C'est-à-dire que :

– Vous prenez une conscience aiguë de ce qui vous entoure, de ce que les gens disent, comment ils vous regardent, ce qu'ils sentent, ce qu'ils portent ou ne portent pas... Vous repérez de petites indications. Vos antennes sont déployées et explorent tout ce qui vous paraît important.

– Vous devez réfléchir à toute vitesse, comme s'il vous restait deux secondes pour désamorcer une bombe. Ce que vous faites mérite cent pour cent d'attention. Pas de distraction !

– Vous ressentez pleinement vos sensations corporelles. Peines, douleurs, pincements et démangeaisons sont attentivement surveillés. Vous prenez soigneusement note de tout ce qui concerne votre corps au cas où quelque chose *irait de travers :* par exemple une crise de panique. Vous croyez qu'exercer une étroite surveillance sur votre organisme va *empêcher* l'angoisse ou la panique. Mais il n'en est rien : angoisse ou panique se produiront de toute façon. Vous accélérez même le processus par l'attente et l'attention.

Vous êtes passif. Cela signifie que :

– Vous ne répondez rien et regardez amicalement quelqu'un qui est en colère contre vous.

– Vous attendez que la colère, la critique, la désapprobation ou le conflit disparaissent.

– Vous entamez un sujet plaisant pour essayer de distraire le contradicteur. Vous lui posez des questions sur sa journée.

– Dire « Excusez-moi » est devenu unc habitude. Vous vous excusez sans cesse, sans même savoir pourquoi. Cela n'a pas d'importance, et cela vous est égal. Tout ce que vous voulez, c'est que la colère tombe et que le conflit s'apaise.

– Vous essayez de mettre votre adversaire à l'aise. Il y a plusieurs façons de s'y prendre. Vous faites un tas de choses : achats de cadeaux, petits plats, compliments, relations sexuelles… et vous agréez à tout ce que la personne en colère vous demande de faire. Vous vous sentez mieux ainsi. Et vous pensez que l'autre se sent mieux, également.

Vous êtes plein de ressentiment. C'est-à-dire que :

– Vous ressentez votre colère à retardement. Des heures après le conflit vous passez vos nerfs sur votre fille, votre fils, votre animal favori ou votre meilleur ami. Vous n'arrivez pas à croire à quel point vous êtes violent. On dirait Mister Hyde sorti des Enfers. Vous éructez vilenies et menaces tous azimuts. Puis vous vous en prenez aux murs, aux tiroirs et autres objets. Vous cassez même des choses auxquelles vous teniez. Si c'est petit, ça part à la volée. Et vous allez jeter, taper ou déchirer.

– Vous cherchez vengeance, pas au moment même du conflit, mais *après coup*. Et pas de façon impulsive. Vous êtes méthodique, un plan minutieusement agencé vous permet d'atteindre la personne visée. Vous complotez toutes sortes de choses : cacher ses affaires, gâcher le repas, oublier, *tout à propos,* de transmettre les messages téléphoniques, dégonfler ses pneus, mentir… Vos obsessions vengeresses sont sans limites. L'adrénaline monte pendant que vous élaborez de nouvelles formes de vengeance. Votre euphorie est à son comble si l'autre se fait prendre à l'improviste. Il pleure, se fâche et souffre de ne pas savoir de qui ça vient et pourquoi. Mais vous, vous le savez, et vous jouissez de chaque minute.

Vous prétendez n'en rien savoir. C'est-à-dire que :

– Vous dites : « Je ne sais pas » ou bien : « Je ne vois pas du tout de quoi vous parlez ». Mais c'est un mensonge. Vous savez exactement ce dont il est question, mais vous le gardez pour vous.

– Vous offrez votre sympathie ou écoutez poliment cette personne désagréable s'offusquer et pester à propos de ce que vous avez fait ou de ce qui arrive. Vous arborez un *sourire heureux* tout en marmonnant : « Va au diable ! » dans votre barbe.

Vous avez l'impression d'être un imposteur. C'est-à-dire que :

– Vous croyez que les gens peuvent vous transpercer du regard et voir des choses dont vous ignorez tout.

– Vous vous sentez anxieux à la pensée de vous exprimer à voix haute dans un groupe par peur de paraître stupide.

– Vous vous méfiez du sentiment de bien-être. Vous pressentez qu'à tout bon moment va succéder quelque chose d'horrible. Vous attendez simplement que ça tombe… et ça va venir, vous le savez ! Vous n'arrivez pas à vous permettre un moment de répit dans la vie.

– Impossible de dire, penser ou faire un geste sans en être totalement conscient. C'est comme une expérience extracorporelle. Vous êtes là, vous parlez avec les autres, mais sans leur prêter attention. Votre esprit est ailleurs. Vous vous demandez de quoi vous avez l'air, comment vous parlez et ce que les gens pensent de vous.

Vous absorbez les problèmes des autres. C'est-à-dire que :

– Vous ressentez ce que les autres ressentent. Vous plongez profondément dans la vie des autres, vous vivez leurs problèmes comme si c'étaient les vôtres. C'est comme attraper le rhume de quelqu'un. Vous attrapez les problèmes des autres par contagion !

– Vous faites des erreurs volontairement, comme un sacrifice, pour que la personne qui est en colère ou triste se sente mieux. Vous vous rabaissez – bien bas – parce que ça vous fait plaisir de voir que les autres sont plus heureux que vous.

Vous vous sentez déprimé. C'est-à-dire que :

– Vous vous considérez comme mauvais.

– Vous restez chez vous sans rien faire.

– Vous vous sentez toujours fatigué, cafardeux ou inutile.

– Vous pensez que les autres seraient bien plus heureux sans vous.

– Vous pensez que vous êtes laid.

– Vous arrêtez de manger ou vous grignotez seulement.

– Vous recherchez désespérément un truc qui vous rendra rapidement heureux.

Vous avez maintenant sans doute compris que la culpabilité est un vrai problème. Vous la *ressentez* vraiment et vous *agissez* en fonction de ce sentiment. Elle ne va pas disparaître tout simplement avec l'âge. Elle demeure, empire et s'empare de vos meilleures années. C'est pourquoi il faut l'arrêter, *tout de suite*. Rassemblez vos idées. Prenez du recul et regardez-vous vraiment à la lumière des schémas décrits ci-dessus. Vous êtes prêt pour le premier test. Les chances sont égales : **c'est vous contre vous-même.** Découvrez une fois pour toutes ce que vous trimballez comme culpabilité.

Lisez les questions suivantes et cochez la réponse OUI ou NON. Puis, à la fin, additionnez vos résultats dans chaque catégorie. Un graphique (page 48) vous aidera à vous situer sur ce profil de culpabilité.

5. Test du profil de culpabilité

Sentiments (S)

1. Avez-vous du mal à dire ce que vous pensez ?

Oui ❐ Non ❐

2. Pensez-vous que vos idées vont influencer les autres ?

Oui ❐ Non ❐

3. Pensez-vous que vos idées sont stupides ou vont déplaire ?

Oui ❐ Non ❐

4. Censurez-vous vos idées avant de les émettre ?

Oui ❐ Non ❐

5. Après avoir parlé, ressassez-vous vos paroles et la probable réaction des gens ?

Oui ❐ Non ❐

6. Vous énervez-vous rapidement lorsque vous dites ce que vous pensez ?

Oui ❐ Non ❐

7. Vous énervez-vous si on vous critique ?

Oui ❐ Non ❐

8. Pensez-vous que faire part d'informations personnelles permettra aux autres de voir vos faiblesses ?

Oui ❐ Non ❐

9. Provoquez-vous votre conjoint ou partenaire juste pour la dispute ?

Oui ❐ Non ❐

10. Croyez-vous que si vous leur paraissez faible les gens vont vous exploiter ?

Oui ❐ Non ❐

11. Pensez-vous que les gens lisent à travers vous et pensent que vous ne savez pas de quoi vous parlez ?

OUI ❐ NON ❐

12. Mettez-vous fin à une amitié si vous êtes fâché contre votre ami ?

OUI ❐ NON ❐

Relaxation (R)

1. Vous est-il difficile de profiter de l'oisiveté ?

OUI ❐ NON ❐

2. Vous est-il difficile de rester à ne rien faire en regardant la télévision ?

OUI ❐ NON ❐

3. Vous sentez-vous coupable de ne rien faire ?

OUI ❐ NON ❐

4. Ne rien faire vous rend-il nerveux ou angoissé ?

OUI ❐ NON ❐

Loyauté (L)

1. Une fois que vous avez dit : « Je vais faire ça pour vous », est-ce de votre devoir de le faire, quel qu'en soit le prix ?

OUI ❐ NON ❐

2. Avez-vous peur de répondre « non » ?

OUI ❐ NON ❐

3. Votre sentiment intérieur dépend-il de ce que vous avez fait, ou non, pour les autres ?

OUI ❐ NON ❐

4. Détestez-vous que les autres fassent quelque chose pour vous ?

OUI ❐ NON ❐

5. Vous est-il difficile d'accepter les compliments ?

OUI ❐ NON ❐

6. Vous rabaissez-vous en complimentant les autres ?

OUI ❐ NON ❐

Contrôle (C)

1. Pensez-vous que personne ne peut faire les choses mieux que vous ?

OUI ❐ NON ❐

2. Ne vous fiez-vous qu'à vous-même et pas aux autres ?

OUI ❐ NON ❐

3. Vous est-il difficile de suivre l'exemple de quelqu'un ?

OUI ❐ NON ❐

4. Si quelqu'un fait quelque chose pour vous, avez-vous l'impression que c'est parce vous êtes incapable de le faire vous-même ?

OUI ❐ NON ❐

5. Si quelqu'un fait quelque chose pour vous, avez-vous le sentiment de lui devoir quelque chose en retour ?

OUI ❐ NON ❐

6. Détestez-vous les surprises ?

OUI ❐ NON ❐

7. Détestez-vous les changements ?

OUI ❐ NON ❐

8. Détestez-vous la critique ?

OUI ❐ NON ❐

9. Quand les choses ne vont pas dans votre sens, vous blâmez-vous vous-même ?

OUI ❐ NON ❐

10. Si vous reprochez à d'autres leurs erreurs, vous sentez-vous coupable ?

OUI ❒ NON ❒

Relations (Re)

1. Vous est-il indispensable d'avoir une relation intime ?

OUI ❒ NON ❒

2. Etes-vous toujours attiré par le même type de personne ?

OUI ❒ NON ❒

3. Vous sentez-vous paralysé si un partenaire rompt avec vous ?

OUI ❒ NON ❒

4. Vous est-il facile de ressentir ce que ressentent les autres ?

OUI ❒ NON ❒

5. Pensez-vous qu'il est affreux de vivre seul ?

OUI ❒ NON ❒

6. Entrez-vous en relation avec des gens à problèmes ?

OUI ❒ NON ❒

7. Vous est-il difficile d'en finir avec une relation, tout en sachant que vous devriez le faire ?

OUI ❒ NON ❒

8. Lorsque vous avez un rendez-vous, craignez-vous de répéter vos vieilles erreurs ?

OUI ❒ NON ❒

Drogues et alcool (D/A)

1. Buvez-vous de la bière ou des mélanges, ou fumez-vous de la marijuana tous les jours ?

OUI ❒ NON ❒

2. Buvez-vous de la bière ou des mélanges, ou fumez-vous de la marijuana, une fois par semaine ?

OUI ❐ NON ❐

3. Eprouvez-vous toujours le besoin de fumer ou de boire lorsque vous êtes en société ?

OUI ❐ NON ❐

4. Est-ce que votre conjoint ou partenaire boit ou fume tous les jours, le week-end, ou plusieurs fois pendant la semaine ?

OUI ❐ NON ❐

5. Est-ce qu'une personne de votre entourage, en période de croissance, a un problème avec l'alcool ou la drogue ?

OUI ❐ NON ❐

6. Fumez-vous entre un et trois paquets de cigarettes par jour ?

OUI ❐ NON ❐

7. Est-ce que vous mangez, buvez ou fumez lorsque vous vous sentez nerveux ?

OUI ❐ NON ❐

8. Est-ce que vous mangez, buvez ou fumez quand vous vous sentez fatigué ?

OUI ❐ NON ❐

9. Est-ce que vous mangez, buvez ou fumez quand vous vous ennuyez ?

OUI ❐ NON ❐

10. Avez-vous de gros problèmes de santé ?

OUI ❐ NON ❐

Peur (Pe)

1. Craignez-vous de faire de la peine à quelqu'un ?

OUI ❐ NON ❐

2. Craignez-vous de mettre quelqu'un dans l'embarras ?

OUI ❐ NON ❐

3. Craignez-vous d'avoir l'air idiot ?

OUI ❐ NON ❐

4. Craignez-vous de commettre des erreurs ?

OUI ❐ NON ❐

Parents (P)

1. Vos parents (ou l'un d'eux) étaient-ils « tout le temps » en colère ?

OUI ❐ NON ❐

2. Est-ce que l'un de vos parents est « soupe-au-lait » ?

OUI ❐ NON ❐

3. L'un de vos parents était-il très critique ou très en colère contre vous ?

OUI ❐ NON ❐

4. Vos parents affirmaient-ils que vous n'arriveriez jamais à rien ?

OUI ❐ NON ❐

5. Est-ce que vos parents se disputaient sans cesse ?

OUI ❐ NON ❐

6. L'un de vos parents était-il vraiment fort et l'autre vraiment faible ?

OUI ❐ NON ❐

7. Vos parents vous accusaient-ils de leurs propres fautes ?

OUI ❐ NON ❐

8. Vous disputiez-vous beaucoup avec vos parents ?

OUI ❐ NON ❐

9. Vos parents (ou l'un d'eux) dédaignaient-ils vos qualités ?

OUI ❐ NON ❐

10. Vos parents (ou l'un d'eux) refusaient-ils d'entendre vos raisons ?

OUI ❐ NON ❐

11. Est-ce que vos parents ne vous prenaient jamais dans leurs bras, ne vous embrassaient pas et ne vous montraient jamais d'affection ?

OUI ❐ NON ❐

12. Est-ce que vos parents (ou l'un d'eux) disaient : « Ne crois pas être meilleur que les autres » ?

OUI ❐ NON ❐

13. Vos parents vous disaient-ils que vous deviez faire plaisir aux autres ?

OUI ❐ NON ❐

Vos résultats

Additionnez à présent le nombre de OUI que vous avez cochés dans chaque catégorie. Les catégories sont abrégées en S, R, L, C, Re, D/A, Pe et P. Placez le chiffre obtenu dans le premier espace, après l'initiale de la catégorie. Divisez ensuite ce chiffre par celui qui est entre parenthèses (nombre de questions de chaque rubrique), et multipliez par 100. Cela vous donne votre pourcentage (arrondissez aux 5 % les plus proches). Allez-y.

Vos résultats :

S :	.... (12)	=	.... %	**Re :**	.... (8)	=	.... %
R :	.... (4)	=	.... %	**D/A :**	.... (10)	=	.... %
L :	.... (6)	=	.... %	**Pe :**	.... (4)	=	.... %
C :	.... (10)	=	.... %	**P :**	.... (13)	=	.... %

Une fois vos pourcentages calculés, prenez-les pour chaque catégorie et placez les valeurs sur le graphique *Profil de Comportement* situé page 48. Marquez le pourcentage de S dans la colonne *Sentiments,* le pourcentage de Re dans la colonne *Relaxation.* Continuez ainsi pour chaque colonne jusqu'à ce que toutes soient remplies.

Maintenant, examinez les parties ombrées situées au bas du tableau. Ces régions ombrées déterminent la zonc des résultats corrects. Il y a deux zones correctes : une partie en gris sombre (0 et 5 %) et une partie en gris clair (10 et 15 %). Si tous vos pourcentages se trouvent dans l'une ou l'autre de ces parties, votre niveau de culpabilité est tout à fait normal et ce livre va affiner ce que vous savez déjà sur la manière de gérer vos peurs et vos angoisses.

Mais supposons que vous n'avez pas cette chance-là. Vous n'avez peut-être qu'un ou deux pourcentages dans les parties grisées, tandis que le reste de vos résultats se trouve éparpillé dans tout le graphique. Vous avez des pourcentages bas et d'autres élevés, et peut-être frôlez-vous souvent les 100 %. Cela signifie que la culpabilité gagne du terrain dans votre vie, et il est temps que cet ouvrage vous apporte l'aide nécessaire.

Vous constatez de quelle manière la culpabilité gouverne votre vie dans ces différentes catégories. Cela deviendra de plus en plus redoutable à moins que vous ne tiriez profit des dix étapes exposées dans les pages qui suivent. *C'est en vous que réside la possibilité de prendre un nouveau départ et de cesser de vous laisser guider par un sentiment de culpabilité.* Donc, tournez la page et commencez.

PROFIL DE COMPORTEMENT

%	SENTIMENT	RELAXATION	LOYAUTE	CONTROLE	RELATIONS	DRO./ALC.	PEUR	PARENTS
100								
95								
90								
85								
80								
75								
70								
65								
60								
55								
50								
45								
40								
35								
30								
25								
20								
15								
10								
5								
0								

ETAPE N° 3

Arrêtez de tout prendre pour vous

C'EST AFFREUX de se sentir un fil sous tension quand on déambule. Vous vous sentez branché dans les pensées de tout le monde. Vous êtes sur radar, et vous passez au scanner tout ce que font ou disent les autres : ce qu'ils pensent, ce qu'ils regardent et pourquoi ils le regardent. C'est continuellement en train de sonner dans votre tête comme une radio à plein volume. Parfois, *vous pouvez l'éteindre* si vous êtes fatigué, en colère ou en train de rire. D'autres fois, le bruit s'en va tout seul. Mais c'est rare.

Vous voyez, *vous ne pouvez pas vous permettre de débrancher le scanner parce que c'est votre seule façon de ne pas vous sentir coupable.* Pour ne pas se sentir coupable, il vous faut être extrêmement attentif aux gens qui vous entourent pour anticiper les conflits, les critiques et tous les problèmes qui vous donnent un sentiment d'infériorité.

Etre constamment au courant de tout vous fait vous déplacer sur la pointe des pieds. Vous êtes toujours sur vos gardes. Plus vous voyez et entendez, plus vous savez et mieux vous êtes préparé. Votre sonnette de culpabilité est toujours prête à sonner, et vous voilà en train de prendre des mesures réparatrices.

1. Les scénarios mentaux négatifs

Savez-vous pourquoi ces choses-là arrivent ? C'est parce que vous avez le sentiment que tout ce que vous faites *de manière spontanée* est mal. Parler, marcher avec naturel, c'est mal. Vous ne vous posez aucune question. Vous ne *pensez* pas que c'est mal, pour vous c'est mal. Et, par conséquent, vous êtes persuadé que les gens dans votre entourage le perçoivent comme étant quelque chose de mal. Vous vous attendez à leur désapprobation en jugeant la situation et en calculant en quoi et pourquoi les gens perçoivent vos actes comme inadéquats. Ce processus mental est extrêmement sophistiqué, plus complexe qu'un ordinateur. Vous imaginez plusieurs choses à la fois. Ce n'est pas un simple « A quoi pensent-ils ? », mais plutôt des réflexions du genre :

– Pourquoi est-elle en colère ?

– Elle se met en colère uniquement quand telle ou telle chose arrive.

– Ai-je fait ceci et cela ?

– J'ai dû faire quelque chose, et c'est ainsi que c'est arrivé.

– J'aurais pu le faire de cette manière, ce qui aurait été mieux.

– D'accord, quelles sont les conséquences de mes actes ?

– Quels sont les risques pour que ce désagrément arrive aujourd'hui ou peut-être demain ?

– Une fois arrivé, alors quoi ? Je ne sais pas. Je ferais mieux de penser à ce scénario.

Déduction après déduction, spéculation après spéculation, cela continue toujours et toujours. Par votre gymnastique mentale, vous imaginez des scénarios hauts en couleur quant à l'évolution de la situation et qui vous font transpirer. Vous mettez en scène toute la représentation du début à la fin : vous décidez qui dira les choses, quand il les dira et comment vous y répondrez. Vous êtes à la fois le metteur en scène, le chorégraphe et les spectateurs. Tout fonctionne en douceur dans votre circuit mental jusqu'à ce qu'il y ait un obstacle. Les obstacles que vous rencontrez sans les avoir prévus déclenchent chez vous une grande panique. « Oh ! mon Dieu, que vais-je faire ? » Vous révisez vos scénarios, vous changez les dialogues et rejouez la pièce jusqu'à ce qu'elle *sonne juste.* Et vous rejouez la scène encore et toujours, jusqu'à ce que vous croyiez – avec certitude absolue – que vous pouvez empêcher le conflit et la honte qui en résultent.

Tous ces jeux mentaux sont source de stress : vous mobilisez tant d'énergie psychique en essayant de trouver une stratégie pour gagner à chaque fois que vous perdez contact avec la réalité ! Votre vie vous semble terrible parce qu'elle ressemble à une partie d'échecs : il vous faut vingt minutes pour décider de chaque déplacement. Vous vous concentrez sur la concentration. Cela va-t-il toujours être aussi lent ? Ou alors ne pourrai-je jamais aller plus vite ?

Oui, vous pouvez aller plus vite. C'est ce que vous apprendrez dans ce chapitre. Vous y apprendrez à reconnaître la façon que vous avez d'aller droit aux conclusions en recherchant la signification des actes des autres, et comment ne plus le faire.

2. Cessez d'interpréter les actes des autres

Intuitivement, vous donnez une signification aux actes des autres. Non, vous n'êtes pas médium, même s'il vous semble l'être. Il est vrai, en effet, que vous avez prédit certaines choses par le passé. Bien sûr, vous pressentez dans le monde des choses dont les autres n'ont pas du tout conscience. Eh ! oui, vous êtes comme un thermomètre ; vous savez toujours quand les gens vont atteindre leur point d'ébullition. Et pourquoi ne devriez-vous pas le savoir ? Enfant puis adulte, vous avez observé tout ce qui se passait autour de vous pour éviter les complications. Plus vous étiez au diapason avec la vie, plus grand était le contrôle que vous exerciez. Voici donc ce que vous faites instinctivement depuis longtemps :

1. Vous regardez et écoutez les gens très attentivement. Plus ils sont importants pour vous, plus vous vous concentrez sur eux.

2. Vous vous dites : « Elle fait cela pour la même raison qu'elle l'a fait auparavant. » Quelle que soit la raison dans le passé qui l'a poussée à agir de la sorte, vous croyez que c'est pour la même raison qu'elle agit actuellement.

3. Vous vous dites : « Pourquoi ferais-je ce qu'elle fait ? » Quelle que soit la raison que vous puissiez avoir pour faire comme cette personne, c'est sa raison à elle et non la vôtre.

4. Vous vous dites : « Est-ce la faute de quelqu'un ici ? » Bien sûr que oui. C'est *toujours* la faute de quelqu'un quand vous pensez, mangez et respirez la culpabilité. Soit vous vous rendez responsable, soit vous rendez responsable quelqu'un d'autre. Si c'est de sa faute, voici ce que vous pensez : « Elle aurait pu/dû agir différemment » ou : « Elle me fait toujours ce sale coup ». Si c'est vous que vous accusez, voici ce que vous pensez : « J'aurais dû/pu agir autrement pour empêcher que cela arrive – qu'est-ce que je peux être bête ! »

Réexaminons les quatre étapes qui poussent à interpréter les actes des autres :

1. Examinez leur conduite.
2. Admettez qu'ils se conduisent de la sorte à cause de leurs actions passées.
3. Admettez qu'ils le font pour les mêmes raisons qui vous pousseraient à agir.
4. Admettez qu'ils ne sont pas sans reproches ou que c'est de votre faute.

Vous supposez trop de choses. Vous émettez des hypothèses à partir de ce que vous auriez pu – ou dû – faire. Celles-ci ne reposent pas sur des faits. Vous faites abstraction des faits parce que vous pensez que vous détenez toutes les réponses. Vous êtes persuadé que vos raisons représentent la vérité. Elles semblent vraies, donc elles *doivent* l'être.

Etes-vous capable de vous arrêter de faire de la montagne russe avant d'être malade ? Est-ce que le manège monte et descend sans cesse ? Il a marché jusqu'à maintenant et il continuera à le faire si vous n'appuyez pas sur le bouton ARRET. Donc, arrivé à ce stade, vous appuyez sur ce bouton.

A la lecture de ce livre, il vous sera facile de mettre fin aux hypothèses en prenant des mesures simples. Mais ce n'est pas *vraiment* simple de les prendre, même si leur suite logique donne l'impression qu'il est facile de le faire. Et vous êtes un champion de logique! Mais quand vous saurez *ce qu'il faut* faire et *comment* le faire, vous n'aurez plus peur d'entamer ces démarches.

Ce ne sont que les génies qui peuvent regarder dans les boules de cristal pour prédire l'avenir. Mais tout le monde peut entrevoir la difficulté au coin de la rue. Bien sûr, vous ne faites que deviner. Deviner pour essayer de tout savoir et n'être sûr de rien représente un travail énorme qui ne fait qu'augmenter au fil du temps. Vous pouvez arrêter le flux des hypothèses en suivant ces cinq étapes :

Etape n° 1. ***Ne regardez que «ce que» la personne dit ou fait et non pas «la raison» pour laquelle elle le dit ou elle le fait.***

Tentez cette expérience pour commencer : regardez quelqu'un à l'instant même et examinez les mouvements de son corps. Maintenant, décrivez exactement ce que vous voyez. Fait-il des grimaces? Bouge-t-il beaucoup les mains? Décrivez ses mouvements par des termes secs et brefs, du genre : «Il rit... Il marche vite... Il parle vite... Il regarde un livre...» Plus votre description sera concrète, meilleure elle sera.

Maintenant, pour la partie verbale, essayez d'écouter ce que dit votre entourage. De même, décrivez cette action en langage très concret. Par exemple : «Elle parle de chaussures... Elle est en train de raconter ce que sa mère a fait...» La raison *qui pousse* cette personne à parler de la sorte n'a *pas d'importance*. Tenez-vous-en à *ce qui* se passe, et non pas au motif qui a suscité ces propos. N'analysez pas de trop près les faits. Tenez-vous-en à ce que vous voyez ou écoutez. Ne portez aucun jugement.

Etape n° 2. ***Limitez-vous à ce que vous voyez et ne prétendez pas savoir ce qui est en train de se passer.***

D'abord, vous devez changer de vitesse. Vous avez tellement l'habitude de rechercher le *pourquoi* de toute situation qu'il vous semble impropre d'en ignorer la raison. Mais ce n'est pas mal en soi. C'est mal, vous semble-t-il, parce que vous faites quelque chose de nouveau. Et pour vous, la nouveauté semble toujours sonner faux.

Une fois que vous serez parvenu à ne pas prétendre connaître la cause, il sera temps de découvrir les faits réels en vous demandant *pourquoi*. Pour ce faire, décrivez la même action que précédemment, mais cette fois-ci demandez-vous pourquoi. Posez une question comme si vous parliez à une personne : « Pourquoi ris-tu ?... Pourquoi marches-tu vite ?... Pourquoi parles-tu de tes chaussures ?... Pourquoi parles-tu de ta mère à une autre personne ? » Des questions, précises et directes vérifient de manière significative vos faits.

Etape n° 3. ***Aucun fait, aucune faute*** *(F & F).*

Vous allez poser des questions à votre entourage parce que vous ne savez pas au juste ce qui se passe. Et quand vous ne connaissez pas les faits, ne vous blâmez pas. Cela s'appelle F & F ou, en d'autres termes : *aucun fait, aucune faute.* Si vous ne connaissez pas les faits, ce n'est pas de votre faute. Quand quelqu'un vous dit ou vous fait quelque chose, posez-vous ces questions et répondez-y de façon nouvelle :

1. « Qu'est-ce que je prétends ici ? » Vous prétendez avoir fait quelque chose de mal.

Nouvelle réponse : « Je ne sais pas ce qui se passe ici parce que je n'ai pas les faits à l'appui. » Et, *aucun fait, aucune faute* – F & F.

2. « Au lieu d'avoir peur, que pourrais-je faire ? » Rien, soyez agréable et sauvez-vous.

Nouvelle réponse : Posez une question pour savoir ce qui est en train de se passer.

3. « Pourquoi ne convient-il pas d'émettre une hypothèse ? » C'est mal à propos parce que vous n'avez pas tous les faits à l'appui.
Nouvelle réponse : « A nouveau, si je n'ai pas les faits, cela n'est pas de ma faute. » – F & F.

4. « Pourquoi ne suis-je pas quelqu'un de bien ? » Vous vous voyez ainsi parce qu'on vous parle et que quelque chose peut clocher.
Nouvelle réponse : Vous n'êtes pas minable. Tout simplement vous n'êtes pas sûr de vous. C'est normal de manquer d'assurance. Vérifiez vos faits.

5. « Pourquoi serais-je meilleur que les autres ? Cela ne se peut pas. Je suis une ordure ! »
Nouvelle réponse : « Je n'aurais jamais fait ce qu'il est en train de faire. Je vaux mieux que cette personne à ce moment précis. »

Etape n° 4. *Posez des questions directement.*

D'accord, vous en êtes arrivé là. Dès que vous en avez l'opportunité, demandez à votre interlocuteur pourquoi il tient de tels propos ou agit de la sorte. Allez sur le champ dans la chambre de votre fils, fille, conjoint ou ami pour lui demander : « Pourquoi m'as-tu dit ça, il y a un instant ? » Crachez les mots. Si c'est ce qu'il a fait plutôt que ce qu'il a dit, dites : « Pourquoi m'as-tu fait ça ? » Posez votre question pour en savoir davantage sur ce que vous avez vu ou entendu. Faites attention de ne pas répondre à la question en la posant. C'est ce qui arrive si vous demandez pourquoi on est en colère contre vous.

Mais savez-vous si la personne est en colère contre vous ? Vraiment ? Non, vous ne le savez pas et vous n'allez pas inviter votre interlocuteur à dire qu'il est en colère contre vous. Ne laissez aucune opportunité à votre entourage de vous accuser. Il vous suffit de poser la question de façon très directe : « Pourquoi as-tu fait ça ?... Pourquoi as-tu dit cela ? »

Etape n° 5. ***Résistez au soulagement de l'angoisse.***

Vous l'avez fait. En fait, la question vous a échappé. Bon, prenez une bouffée d'air. Vous venez de faire un pas de géant pour votre avenir. Maintenant, restez où vous êtes. Ne bougez pas, ne faites pas marche arrière. Ce n'est pas la fin du monde. Et, pour tout l'amour du ciel, n*e vous laissez pas tromper par vos messages intérieurs*. Vous sentez que votre corps vous envoie des signaux de détresse pour vous avertir de faire « avorter l'opération » et pour redresser la situation avant qu'elle ne vous échappe tout à fait. Cela vous démange de dire : « Ecoute, je suis désolé de te poser cette question bête. Je te prie de me pardonner. » Vous sentez les mots se former dans votre gorge. Maintenant, vous les avez sur le bout de la langue. RETENEZ-LES !

Ne dites pas que vous êtes désolé. Ne dites pas que vous êtes désolé, parce que vous n'êtes pas désolé. Vous n'avez rien fait de mal. *Aucun fait, aucune faute* – F & F. Vous devez résister à la montée de l'angoisse qui vous fait peur et vous fait reprendre vos anciennes habitudes. L'angoisse, c'est quand vous avez mal au dos, lorsque vous sentez que vos pensées défilent, que vous avez les mains moites et que vous pensez : « Oh ! non, je suis vraiment dans la m... ! » Non, vous ne l'êtes pas. Vous pouvez retenir vos vieilles habitudes si vous ne vous empressez pas de soulager votre angoisse. C'est normal d'être légèrement anxieux. Cela ne veut pas dire que vous allez vous évanouir. Restez vigilant. Voici ce qu'il ne faut pas faire et ainsi vous ne vous énerverez pas :

– Ne dites pas que vous êtes désolé.

– Ne vous défendez pas.

– Ne commencez pas à faire des compliments à l'autre personne.

– Ne vous déprimez pas.

– Ne fournissez aucune excuse.

- Ne blâmez pas quelqu'un d'autre.
- Ne pleurez pas.
- Ne faites pas une faveur à quelqu'un d'autre.
- Ne riez pas nerveusement.
- Ne changez pas de sujet.
- Ne restez pas silencieux.

Il n'y a aucune honte à poser des questions. Les questions vous semblent étranges parce que vous craignez que l'autre dise exactement ce dont vous avez peur – que vous êtes vraiment un minable. Mais vous avez intérêt, dans un premier temps, à connaître les faits et ensuite à les évoquer tout seul. Vous modifierez toujours les caractéristiques si vous faites des hypothèses.

3. Recherchez les barrages

Vous venez de sauter du haut de la falaise et vous n'auriez jamais pensé arriver au pied sain et sauf. Mais vous y êtes parvenu. Vous pouvez vous interroger sur la situation telle qu'elle est et non pas telle que vous pensez qu'elle est. Vous pouvez étouffer les hypothèses qui vous viennent automatiquement avant qu'elles ne vous terrifient et vous laissent sans voix. Cela vous fait sentir plus fort, plus à l'aise, et avec une meilleure maîtrise de vous-même.

Au départ les questions semblent étranges, mais bientôt elles ne le seront plus. Par contre, d'autres personnes mettront plus de temps à s'habituer à vos questions. Réfléchissez un instant : pendant combien de temps avez-vous fait des hypothèses ? Toute votre vie ? Cela veut dire que les personnes qui vivent avec vous connaissent bien vos habitudes. Elles sont habituées à ce que vous marchiez à leurs côtés sur la pointe des pieds, en vous sentant constamment coupable et sans jamais leur poser de question. Elles se mettent en rogne si vous les questionnez, ne sachant pas comment réagir ni quoi dire. Donc, elles disent ce qui leur passe par la tête, ce qui, en général, n'est pas très agréable.

Dans un premier temps, on réagira négativement à vos questions : « Qu'est-ce que tu m'as dit ? » ou : « A qui crois-tu parler ? » Et la soupape de sécurité de votre interlocuteur se déclenche. Vous détestez faire de la peine et c'est justement ce que vous avez peut-être fait. D'accord ?

Pas exactement. Vous l'avez pris au dépourvu. Il n'est pas sûr de la direction à prendre : à gauche, à droite ou droit au centre. Par conséquent il prend un pari, l'un d'entre eux étant de vous lancer à la figure des remarques désagréables, appelées *barrages*. Les barrages ne sont pas intentionnels. En réalité, bien peu de gens restent debout toute la nuit pour répéter des tactiques destinées à saper le moral de leur entourage. C'est une défense naturelle pour ne pas paraître stupide. Vos questions le mettent immédiatement sur la défensive parce qu'il reste sans réponse. Vous ne l'avez jamais fait auparavant, si bien qu'il n'avait encore jamais eu besoin de vous répondre. Maintenant, il le fait mais ne sait pas vraiment comment le faire.

Plusieurs barrages volent dans l'air comme autant de tentatives pour restaurer une zone confortable. Les zones confortables pour les autres, c'est de retrouver votre côté poli et coupable. Abandonnez votre courage, mettez-vous à genoux pour demander pardon et ils vont arrêter de dresser des barrages. Mais vous n'avez pas l'intention de faire marche arrière. Pour en arriver là il vous a fallu faire un long chemin et maintenant vous êtes sous les feux de la rampe. Mais il n'est pas question de faire demi-tour. Vous devez apprendre à manipuler ces barrages pour les faire voler en éclats. Par conséquent, une fois vos questions posées, accoutumez-vous à entendre les remarques suivantes et apprenez à y répondre d'une certaine manière :

Barrage : « Pourquoi me demandes-tu ça ? Ne me pose pas ce genre de questions ! »
Réponse : « J'étais tout simplement en train de penser. »
Barrage : « Tu réfléchis trop. Garde tes pensées pour toi. »
Réponse : « Je suis désolé que tu le prennes ainsi. »

Quand les gens accueillent vos questions avec susceptibilité, répondez de manière conventionnelle : « J'étais tout simplement en train de me demander… » ou : « Je suis désolé que tu le prennes ainsi. » Cela désamorce automatiquement la colère défensive et votre interlocuteur se sent bête de s'être montré impoli. Vous, d'un autre côté, vous restez calme et serein. Respirez profondément, détendez-vous et regardez celui qui devient vraiment tendu. Ce n'est pas vous, c'est l'autre qui, déstabilisé par votre question à laquelle il ne s'attendait pas, fait des remarques qui tournent en rond. Il ne comprend plus et donc perd, pendant quelques instants, la maîtrise de la situation. Et cette maîtrise, c'est vous qui l'avez, vous qui ne l'avez jamais eu auparavant.

Vous attaquez, mais un grand bataillon de barrages est en train de se préparer. Les barrages deviendront de plus en plus difficiles si, par le passé, la personne vous a littéralement maltraité – verbalement ou physiquement. La personne qui vous critique toujours ou vous agresse a des problèmes affectifs ou est dépendante d'une substance quelconque ; elle va devenir plus incorrecte malgré vos remarques polies. Les barrages de votre interlocuteur deviennent de plus en plus intéressants et difficiles, mais ils doivent être traités de la même manière. Voici quelques exemples courants de barrages et la manière de les contrecarrer :

Barrage : « Te voilà encore en train de mettre ton nez dans les affaires des autres ! »

Pourquoi il le dit : cette personne veut changer de sujet pour ne pas paraître bête.

Réponse : « Là n'est pas la question. Je me demandais tout simplement… »

Barrage : « Tu n'es jamais content de ce que je fais – Mon Dieu, ce que tu peux être terrible ! »

Pourquoi il le dit : cette personne réinterprète la situation et va bien au-delà des points clés.

Réponse : « Je suis désolé que tu le prennes ainsi. Mais je me demandais tout simplement… »

Barrage : « Ecoute, bon sang, tu me le demandes encore une fois et je vais te montrer qui commande ici ! »

Pourquoi il le dit : cette personne vous menace physiquement parce qu'elle sait que, par le passé, ces paroles vous faisaient taire sur le champ.

Réponse : « Je suis désolé que tu le prennes ainsi. Je me demandais tout simplement... »

Barrage : « Oh ! que tu es mignonne quand tu as bu ! »

Pourquoi il le dit : vous rabaisser par la plaisanterie détend votre interlocuteur.

Réponse : « Là n'est pas la question. La question, c'est... [répétez votre question]. »

Barrage : « Mon Dieu, t'ai-je blessé ? Je suis quelqu'un d'horrible. Ne me regarde pas, je suis si stupide. »

Pourquoi il le dit : auparavant, les remarques dans lesquelles l'autre se dépréciait attiraient votre compassion.

Réponse : « Je suis désolé que tu le prennes ainsi, mais... [répétez votre question]. »

Barrage (criant très fort) : « Ferme-la ! »

Pourquoi il le dit : auparavant, des menaces agressives, proférées haut et fort, vous figeaient de peur. La personne espère produire le même effet à nouveau.

Réponse : « Je pense tout simplement que... [répétez votre question]. »

Barrage : « Continue ainsi, sale canaille, et je vais le dire aux enfants ou (à ta famille) que tu es vraiment bête ! »

Pourquoi il le dit : cette menace vise à exposer votre côté « faible » pour vous faire taire, car on sait que vous avez besoin de vous sentir approuvé.

Réponse : « Je suis désolé que tu le prennes ainsi, mais... [répétez la question]. »

Si vous manquez de fermeté, les barrages peuvent vous déstabiliser. Si le score est identique des deux côtés et que vous tenez bon mais que vous vous sentez tendu, il se peut que vous vous effondriez sous des critiques plus rudes. Plus les critiques sont *personnelles,* plus vous vous sentirez poussé à vous défendre. « Comment cette personne ose-t-elle m'insulter de la sorte ? » Ne réagissez surtout pas de cette manière ! Si vous êtes sur la défensive, vous allez vous trouver hors jeu. Vous ne pensez plus au lien qui existe entre la faute et les faits et vous oubliez de poser des questions. Vous allez reprendre brusquement vos anciennes habitudes tandis que votre interlocuteur va pousser un soupir de soulagement pour avoir échappé à une situation très inconfortable. Et c'est justement ce que vous ne voulez pas qu'il arrive. Vous voulez que cette personne fasse l'expérience d'être mal à l'aise jusqu'à ce qu'elle comprenne que vous êtes vraiment sérieux et que vous n'abandonnerez pas la partie.

4. Renversement de la culpabilité

En dépit de tout, un barrage peut avoir un côté positif – s'il aide à renverser la culpabilité. Pour y parvenir, commencez à poser des questions :

– Quand vous n'êtes pas sûr de la raison qui pousse une personne à vous dire des choses.

– Quand vous êtes sur le point d'être accusé de quelque chose que vous avez fait ou que vous n'avez pas fait.

– Quand il vous manque des faits et que vous avez besoin de plus d'informations avant de répondre avec intelligence.

Les questions sont là pour faire basculer sur l'autre la honte que vous ressentez assez longtemps pour vous permettre de connaître davantage la situation. Quand la culpabilité change de camp, les réponses reçues sont surprenantes. Peut-être apprendrez-vous qu'après tout ce n'est pas de votre faute, ou que ce qui se passe est tout à fait différent de ce que vous croyez. Par exemple, Sylvie entend que, dans le garage, son mari profère une foule de jurons et jette sa boîte à outils. Automatiquement, elle pense qu'elle n'a pas remis les outils à leur place. Mais elle n'endosse pas cette culpabilité ; elle se rend au garage pour demander à son mari ce qui se passe :

« Qu'est-ce qui te fait hurler ? » Il lui répond alors que son frère lui a emprunté ses outils hier et ne les lui a pas rendus. De surcroît, il se sent fatigué et sent qu'il est en train de s'enrhumer. *Cela n'a donc rien à voir avec Sylvie.*

En déplaçant le poids de la culpabilité, vous obligez à ce que l'autre vous explique la situation. Vous résistez à endosser la responsabilité pour des actes que vous n'avez pas commis mais que vous pensez avoir commis. Vous pouvez résister à éviter le conflit et agir de sorte que l'autre se sente comme un joyeux luron. En n'intervenant pas, vous ne vous faites pas de mal ; vous n'essaierez pas d'arranger les choses car *vous n'allez pas le faire sans avoir pris connaissance de la situation.* Cette connaissance représente le moteur de votre interaction sociale. Ne pensez qu'aux faits. Ne parlez que de faits. Et suspendez le verdict coupable sur vous-même ou les autres jusqu'à ce que tous les faits soient alignés pour pouvoir entamer une discussion.

ETAPE N° 4

Plus d'évitement ni de fuite

VOUS SAVEZ comme il est désagréable de devoir rester à la maison quand on est malade, comme on se sent confiné lorsqu'il pleut et qu'il faut rester à l'intérieur. Eh ! bien, essayez de multiplier ces impressions par mille.

Vous n'êtes plus confiné, vous êtes *piégé*. Vous êtes une victime. Vous n'avez nulle part où aller ; vous êtes retenu prisonnier dans votre propre maison ou avec des gens avec lesquels vous ne voulez pas être. Vous détestez être là ; vous détestez être avec eux. Vous ne pouvez pas le supporter. Vous désirez partir mais vous êtes cloué là, pour toujours. Vraiment ?

Non, pas si vous utilisez un comportement d'évitement. Vous *évitez* les choses auxquelles vous ne voulez pas – ou ne pouvez pas – faire face. Par exemple, le conflit ; vous haïssez le conflit. La peur du conflit vous pousse à faire n'importe quoi pour l'empêcher, le retarder ou l'arrêter. Plus vous essayez, plus votre cœur bat. L'anxiété croît, saisit les épaules et donne le vertige, tandis que vos mains deviennent moites. Intérieurement, la pression monte. C'est la panique. « Que va-t-il se passer, si je ne puis éviter cette situation ou cette personne ? Et si cela se produit ? Et si rien de ce que je dis ou fais ne peut retarder ces malheurs, ni les empêcher de se produire ? » Facile. Vous vous sentez coupable.

L'évitement est votre défense naturelle contre la culpabilité. Vous sombrez dans des situations effroyables dont vous êtes obligé de vous sentir honteux. La peur ronge votre bon sens. Vous perdez toute notion d'espace ou de temps et êtes totalement obnubilé par les actions préventives : « Comment empêcher un conflit de se produire ?... Comment y parvenir maintenant ? » Votre concentration est profonde. Vous élaborez rapidement des moyens stratégiques pour berner les gens qui sont là. « Ils ne doivent se rendre compte de rien... Je dois viser juste et agir vite. » C'est comme un champ de bataille. C'est vous contre l'ennemi. Votre mission est d'éviter toute opposition. Et si vous perdez, vous perdez gros. Alors, gardez les yeux grands ouverts, le corps en état d'alerte et soyez prêt à foncer lorsque votre alarme intérieure se déclenchera.

Le problème, c'est qu'elle se déclenche à chaque fois. Presque tout la déclenche parce qu'il y a tant de choses dans le monde que vous désirez éviter ! C'est pourquoi cette étape est si importante. Elle vous indiquera des solutions simples pour combattre l'urgence d'avoir à éviter des situations déplaisantes. La peur vous empêche d'affronter des situations néfastes ou d'en sortir (d'y échapper) aussi vite que possible. Même si vous vous sentez du courage, ce sentiment d'urgence est difficile à vaincre. *La peur submerge toujours la logique.* Mais vous pouvez démolir la peur et la chasser si vous réalisez exactement ce que sont vos comportements d'évitement et de fuite, et comment vous pouvez agir différemment à l'avenir.

1. Qu'est-ce que l'évitement et la fuite ?

Examinons, à nouveau, ce que veulent dire *évitement* et *fuite :*

– **Evitement :** lorsque vous utilisez certains mots et certains actes pour retarder, empêcher ou arrêter un événement.
– **Fuite :** lorsque, déjà pris dans la situation indésirable, vous vous débattez comme un beau diable pour en sortir.

Votre vie est pleine de situations qu'il vous faut éviter ou fuir. Beaucoup sont évidentes, comme éviter les disputes. Beaucoup sont devenues routinières, comme éviter d'avoir des relations sexuelles ou de faire quelque chose pour vous-même. Mais beaucoup d'autres sont plus subtiles : veiller à ce que vos crayons soient parfaitement alignés ou répéter sans cesse «Je m'excuse.» En voici d'autres où vous pourrez vous reconnaître ; allez-y et cherchez celles qui vous vont comme un gant :

– Ne pas aller au lit avant que votre conjoint ne soit couché.
– Ne pas manger jusqu'à ce que les autres aient fini.
– Ne rien dire avant que les autres n'entament la conversation.
– Ne pas donner votre opinion.
– Ne pas marcher devant la foule.
– Ne pas arriver le premier quelque part.
– Ne pas dire non.
– Ne pas aborder certains problèmes devant les enfants.
– Ne rien faire pour vous-même.
– Ne pas essayer de nouvelles recettes, de nouveaux restaurants ni de nouveaux magasins.
– Ne pas avoir l'air intelligent.
– Ne pas regarder les gens qui vous regardent.
– Ne pas dire que vous êtes triste lorsque vous l'êtes.
– Ne pas dire quand vous êtes en colère.

Vous pouvez en ajouter encore un peu. Notez deux ou trois exemples de gens ou de choses que vous évitez. Evitez-vous les gens ? Evitez-vous les situations ?

Les gens :
– J'évite... [nom] parce que... [motif].
– J'évite... [nom] parce que... [motif].
– J'évite... [nom] parce que... [motif].

Les situations :
– J'évite... [situation] parce qu'elle... [motif].
– J'évite... [situation] parce qu'elle... [motif].
– J'évite... [situation] parce qu'elle... [motif].

Le pourquoi de cette attitude est une autre histoire. Il y a plusieurs raisons, certaines évidentes, d'autres plus subtiles. Les *raisons évidentes* incluent des événements récents au cours desquels vous vous êtes senti bouleversé et terriblement coupable. Avoir été traité d'imbécile deux jours auparavant est encore frais dans votre mémoire. Aujourd'hui encore cela vous met en colère, et vous ne voulez à aucun prix risquer la même critique. Les *raisons subtiles* sont trop lointaines pour pointer une cause spécifique, bien qu'il soit aisé de retrouver les pièces du puzzle. Supposons que ce n'était pas il y a deux jours. Peut-être que personne ne vous a critiqué depuis longtemps. Mais au moment où vous entrez, disons dans un magasin de vêtements, *quelque chose vous frappe comme un éclair;* vous le ressentez instantanément. Des frissons vous glacent la colonne vertébrale, vous en restez sidéré et quasi-paralysé. Impossible de bouger ou de penser normalement. Une seule chose compte : *sortir d'ici en vitesse.*

En réfléchissant un instant, vous réalisez que l'intérieur de ce magasin vous rappelle une boutique de vêtements où vous et votre mère alliez faire des achats dans votre enfance. Elle vous a fait haïr ce magasin. Rien de ce que vous essayiez ne vous allait. Vous le saviez et elle vous le faisait comprendre. Vous vous sentiez gros et laid, et vous vous rappelez même les vendeurs en train de rire de vous derrière le comptoir. L'horrible expérience que vous avez subie dans ce magasin vous a laissé une pénible impression. Vous détestiez cette boutique et n'y êtes jamais retourné depuis. Vous aviez oublié ce souvenir, c'est-à-dire jusqu'à ce que vous soyez frappé par des impressions similaires en entrant dans cet autre magasin.

D'autres raisons subtiles n'ont peut-être rien à voir ni avec des gens, ni avec des situations. Elles ont à voir avec ce que vous ressentez intérieurement. Ces sensations varient de la tension nerveuse aux migraines ou aux douleurs, d'une sensation de chaud, de froid, de joie à la dépression et à tous les intermédiaires. Tout au long du jour on passe par des cycles physiques normaux. Dans votre corps les sensations fluctuent sans cesse; une température corporelle et des sensations stables sont impossibles. Mais il y a un problème si l'une de ces sensations déclenche la peur. Par exemple, souvenez-vous de votre enfance, lorsque vos parents se disputaient. Etait-ce la nuit? Le jour? Si c'était la nuit, comment vous sentiez-vous – physiquement – en les écoutant? Etiez-vous fatigué? Supposons que vous étiez fatigué.

En tant qu'adulte, vous aussi vous êtes fatigué le soir. Au fur et à mesure que la nuit tombe, peut-être remarquez-vous un besoin aigu de *rester à l'écart des autres.* Vous vous éloignez de vos enfants, de votre conjoint ou de vos amis et cela vous convient. La distance vous met hors de portée de tout conflit possible. Peut-être qu'un tel conflit ne s'est jamais produit, mais vous ressentez tout naturellement un besoin urgent de vous éloigner parce que l'envie de dormir rappelle comme un signal que *quelque chose pourrait se produire, tout comme cela s'est produit il y a des années, dans votre enfance.*

Des sensations physiques, de même que des situations ou des gens déclenchent le besoin d'évitement et de fuite, de différentes façons. Voici les principaux styles d'évitement que vous utilisez d'une façon ou de l'autre :

2. Divers types d'évitement et de fuite

Devancer le conflit

Vous sentez qu'un conflit est sur le point d'éclater. Vous n'en n'êtes pas sûr, mais il n'y a pas de temps à perdre. Les manœuvres préliminaires sont entreprises afin d'anticiper le problème et de l'étouffer dans l'œuf.

Vous pouvez vous excuser, replanifier, faire des sacrifices personnels, crier, pleurer ou faire n'importe quoi pour *gagner du temps.* Du temps, c'est tout ce que vous voulez. Juste assez de temps pour désamorcer et désarticuler la bombe à retardement dont vous êtes absolument certain qu'elle va exploser dans les minutes qui viennent.

Pas de curiosité pour les nouveautés

Vous désirez *ne jamais* être pris en défaut, même si la nouvelle situation est des plus simples. Toute situation nouvelle qui se trouve en dehors de votre zone de confort – c'est-à-dire de cette zone dans laquelle vous connaissez tout et tout le monde – est évitée comme la peste. A essayer de nouvelles choses on risque de paraître stupide, incompétent et puéril.

Vous vous félicitez de rester au sein de cette zone confortable, toute curiosité est bannie et aucune alternative n'est tentée. Dans cette zone vous gardez le contrôle. Vous considérez les gens en train de rire ou de faire des choses excessives et bouffonnes comme *ayant perdu leur contrôle.* Vous, vous refusez de perdre votre contrôle et donc vous refusez d'envisager des conduites nouvelles ou même d'en faire la tentative.

Vous vous tenez coi

Moins on en dit, moins on s'expose. Là encore, *vous craignez de paraître idiot.* L'évitement prend très communément la forme du mutisme lorsque vous êtes en société. Soit vous abordez la situation en vous taisant, soit vous décidez de vous taire si vous commencez à vous sentir intimidé par la tournure des événements.

Il s'agit là d'un exemple de comportement de fuite. Rester silencieux vous évite un *problème potentiel.* Vous ne savez pas de quoi il s'agit, ni qui pourrait en être l'origine mais, néanmoins, vous sentez le problème poindre à l'horizon.

Vous donnez toujours un prétexte

«Je ne veux pas faire cela, parce que... » est, chez vous, une réponse réflexe. Elle vous sort toute seule de la bouche. Cela se passe chaque fois que vous vous sentez effrayé ou honteux, ou que vous craignez un problème. Vous vous dérobez immédiatement à la situation en inventant quelque raison plausible et vous apportez toutes sortes de bonnes excuses pour vous en sortir. Que vos raisons soient vraies ou fausses, elles restent des prétextes.

L'agression

« La colère le fait fuir de peur. » Se mettre en colère peut paralyser quelqu'un. On ne s'attend pas à ce que vous éleviez la voix ou utilisiez un langage grossier. On ne s'attend pas à ce que vous teniez tête ou que vous vous défendiez. Alors, quand cela vous arrive, c'est choquant. Les autres ne savent plus comment réagir et cela stoppe immédiatement le conflit.

Bien sûr, ce n'est pas une bonne façon d'arrêter un conflit. Vous utilisez la colère avant l'irruption du conflit pour être certain *qu'il ne se produira pas*. Et vous utilisez aussi la colère tout de suite après le déclenchement du conflit pour *éviter* qu'il n'empire.

Pleurer

Parfois, celui qui est paralysé c'est vous. Vous vous sentez glacé. Vous êtes complètement engourdi. Conflit, critique et rejet agissent comme une camisole de force sur vous. Vous ne bougez pas, vous vous taisez, vous ne faites rien. Il vous semble que tout ce que vous pourriez dire ou faire serait mal. Vous aimeriez vous cacher, mais vous ne pouvez pas. Et vous ne pouvez pas partir, vous êtes cloué sur place. C'est alors que vous vous mettez à pleurer. Pleurer *empêche* toute prolongation du conflit car les gens se mettent à vous plaindre.

Mais, parfois, pleurer a l'effet inverse. Les larmes décuplent la colère, la violence, les injures ou la négligence des tortionnaires. Plus vous pleurez fort, plus leurs attaques sont méchantes. Alors, pourquoi continuer à pleurer ? Est-ce une question de survie ? Oui. C'est tout ce dont vous êtes capable. Vous ne savez pas vous battre, vous ne savez pas comment fuir. Et vous êtes terrifié de dire ou de faire quoi que ce soit d'autre.

N'avoir confiance en rien, ni en personne

Tout faire par vous-même, c'est le plus sûr moyen d'éviter deux choses : l'une est de se reposer sur quelqu'un, la seconde est d'avoir des obligations. Vous n'avez pas suffisamment confiance en quelqu'un pour lui dire : « Peux-tu faire ça pour moi ? » Il pourrait le faire de travers et cela ne sera probablement pas parfait. Vous le feriez mieux et plus vite. Vous détestez également obliger les gens à faire quelque chose pour vous. Ils pourraient vous juger « égoïste » et « prétentieux ».

Se reposer sur quelqu'un crée des obligations, et vous haïssez les obligations. Obligation signifie que vous *devez* des services. Vous sentez que vous *devez* faire ceci ou cela pour eux quand ils le désirent. Vous êtes à la merci de leur emploi du temps, de leurs besoins et de leur *contrôle*. Devoir quelque chose à quelqu'un, c'est comme subir un interrogatoire de police : quoi que vous fassiez ou disiez, vous avez toujours tort. Que vous vous exécutiez ou pas, vous êtes condamné. Ne pas rendre un service est un manquement et vous allez vous en sentir coupable. Mais on risque, en rendant ce que l'on doit, de ne pas répondre aux attentes des personnes concernées. Vous n'avez peut-être pas assez fait pour elles. Cela aussi vous rend coupable. Dans un cas comme dans l'autre vous êtes pris de honte. C'est une situation sans issue.

Manque de concentration

La paralysie émotionnelle bloque tous les circuits mentaux. Il devient impossible de se concentrer sur ce que les gens disent ou font. Une seule chose occupe vos pensées : « Pourquoi ne suis-je pas quelqu'un de bien, qu'est-ce que j'ai fait de mal, et comment puis-je éviter cette situation ou lui échapper ? » La concentration s'évanouit chaque fois que la peur vous frappe et que vous n'avez pas le moyen d'y faire face.

Tout remettre à plus tard

Vous redoutez d'entreprendre quoi que ce soit. Il est sans importance que ce soit pour vous ou pour quelqu'un d'autre. Vous vous traînez littéralement pour vous y mettre. Finalement, une fois que vous êtes à la tâche, deux choses peuvent se produire : soit vous commencez puis vous vous arrêtez et la repoussez sans cesse, soit vous ne pouvez plus vous arrêter. C'est une véritable frénésie. Votre esprit est entièrement focalisé sur cette tâche. Rien ne pourra vous interrompre. Tout votre être est ficelé à la tâche du début à la fin.

Il y a trois raisons à tout remettre au lendemain :

– La première, c'est que vous évitez d'entreprendre quelque chose que vous jugez, en toute bonne foi, n'être pas capable d'accomplir, ni de faire bien. Peu importe l'ardeur de vos efforts, ça n'ira pas comme vous le désirez. Alors, vous la retardez jusqu'au dernier moment.

– La deuxième, c'est que vous détestez commencer quelque chose de nouveau ou de fastidieux. Les tâches ennuyeuses paraissent écrasantes et frustrantes. Vous ne savez pas par où commencer, vous n'êtes pas certain des priorités. Vous n'êtes même pas sûr de la nécessité de cette tâche. La colère vous saisit quand vous découvrez que vous vous êtes attelé à une tâche difficile et qui ne vous réserve que des obstacles à chaque tournant. Alors, après un démarrage ambitieux, vous vous arrêtez dès que la tension monte. Cette tension vient du sentiment que vous avez de n'être *pas capable d'y arriver parce que vous êtes stupide et paresseux.*

– La troisième raison, c'est l'habitude. Vous avez pris l'habitude, au cours de nombreuses années, d'attendre la dernière minute pour faire quelque chose. Vous êtes un habitué de la onzième heure. Quand la cloche retentit, vos devenez étonnamment efficace. Des jours entiers peuvent passer sans que vous mettiez la main à la pâte. Vous retardez sans cesse le moment tout en sachant que peu avant le signal de fin vous allez tout boucler et finir le travail. Supposons, par exemple, qu'on vous a demandé de faire des crêpes pour Mardi gras. Mardi matin arrive, à onze heures tapantes vous vous précipitez dans la cuisine et confectionnez frénétiquement les crêpes. Et, c'est sûr, vous aurez fini à temps.

L'idée d'organiser votre travail à l'avance *vous traverse parfois l'esprit,* mais vous ne tenez pas compte de telles pensées. En fait, vous vous efforcez de faire un plan, mais chaque fois que vous essayez de faire les choses avant le dernier moment cela échoue. Pour vous, il y a trop de temps perdu entre la réalisation de la tâche et sa programmation. Cela vous ennuie, vous rend apathique, vous décourage et vous vous sentez paresseux. En revanche, vous surchargez votre planning de toutes sortes de tâches *concurrentes* et vous vous sentez très occupé. Ainsi, lorsque vous faites vos crêpes à la dernière minute vous vous mentez à vous-même en vous disant : « Ouf, c'est la première fois de toute la semaine que j'ai le temps de faire ça ! »

Hypersensibilité aux critiques

Personne n'aime la critique, mais pour vous la critique est comme une seringue : elle pénètre profondément dans votre veine la plus sensible, y causant autocritique et ressentiment intenses. Vous sentir trop vulnérable et laisser les autres vous attaquer à découvert vous met immédiatement en colère contre vous-même. Il vous arrive même d'être d'accord avec les critiques portées : cela doit être vrai, ça l'est toujours. Alors, après vous être senti honteux, vous avez une violente réaction intérieure et ressentez le besoin intense de vous venger de votre accusateur. Vous n'arrivez pas à exprimer vos sentiments tout haut. C'est hors de question, c'est trop dangereux. Alors vous conspirez secrètement pour prendre votre revanche, en tentant de frapper l'accusateur par-derrière. Comme ça, pensez-vous, il (ou elle) *saura* ce que vous ressentez et ne vous critiquera jamais plus.

Mais cela ne marche pas. En fait, la vengeance se retourne toujours. Cacher des affaires, oublier de dire certaines choses, détruire des objets ou tout simplement ne pas faire ce qu'on vous demande vous semble, sur le coup, avoir dérangé votre accusateur et lui avoir donné une leçon mémorable. Mais la seule leçon qu'il en tirera sera d'être encore plus agressif, plus cynique et plus critique à votre égard la prochaine fois.

Attention profonde aux sentiments des autres

C'est contagieux de voir quelqu'un qui est ému. Vous ressentez ses émotions comme si elles étaient exactement les vôtres. C'est à l'identique. L'autre pleure, vous pleurez. Il frappe, vous frappez. Ce qui le traverse vous traverse également. Il peut s'agir de n'importe qui : personnages de télévision, voisins, amis ou proches… vous réagissez de même.

Cette contamination par les sentiments d'autrui a trois causes :

– D'abord, elle vous aide à ne plus vous sentir responsable de leur malaise. Par exemple, vous ne supportez pas de voir quelqu'un pleurer et vous vous en blâmez vous-même immédiatement : « Mon Dieu, qu'est-ce que j'ai bien pu faire pour qu'il (ou elle) se mette à pleurer ? » Ou bien : « Mon Dieu, comment puis-je laisser pleurer cette personne ? » Vous vous sentez coupable d'une part d'avoir causé ces larmes et, d'autre part, de ne pas les faire cesser. De toutes façons, vous êtes à blâmer. Vous soulagez cette honte intérieure en faisant quelque chose pour cette personne. Ou vous passez à l'action et l'aidez directement, ou vous partagez seulement sa douleur. De cette façon vous cessez de vous torturer et pouvez dire que vous avez *tenté* de faire quelque chose pour qu'elle se sente mieux.

– La deuxième raison pour laquelle vous vous engouffrez dans les sentiments des autres, c'est pour éviter le conflit, la critique ou le rejet. Ceux qui sont dans la détresse *ont besoin de vous*. Sentir qu'on a besoin de vous vous confronte à un dilemme. Si vous ne prêtez pas d'attention à la personne en question, vous risquez la réprimande ; cette personne sera susceptible de dire du mal de vous ou de vous haïr. Si vous l'aidez, cela empêchera certainement la désapprobation et le rejet ; alors, de façon impulsive, vous volez au secours de cette personne en détresse afin d'éviter toute répercussion immédiate et future.

– La dernière raison est plus « impliquante » : vous allez automatiquement vers les gens qui souffrent parce que vous aimez aider les autres. Les soulager de leurs souffrances vous apporte le bonheur. Vous vivez de leur redressement. Plus leur état s'améliore, plus vous êtes efficace. Vous vous sentez bien quand ils sont retombés sur leurs pieds et ont repris confiance.

Mais la réalité, c'est que vous vivez à travers les autres. Ils constituent désormais pour vous un étayage vital sans lequel vous vous sentez vide, inutile et sans recours. Vous êtes comme une garniture de Noël qui ne brille que lorsqu'elle est accrochée au sapin ; toute seule elle est triste. En vivant les émotions des autres, vous évitez de voir les sentiments de haine et de honte que vous éprouvez envers vous-même. Vous croyez que sauver les autres de leur misère vous confère une bonne raison de vous sentir important.

En fait, cela se retourne contre vous. Vous n'obtenez que la mauvaise part du marché. Ce qui se passe en réalité, c'est que vous vous portez toujours au secours des mêmes personnes avec leurs mêmes problèmes, encore et encore. Ces gens n'apprennent jamais comment se secourir eux-mêmes. Il leur convient tout à fait que vous le fassiez. Et vous devenez ainsi leur bouée de sauvetage pour toute la vie.

Disqualifier tout ce que vous faites

Vous ne supportez pas de paraître égoïste. Faire quoi que ce soit pour vous-même est mal. Il en est de même pour ce que vous dites : opinions, désaccords et même commentaires spontanés, tout risque de paraître prétentieux. Et la prétention éloigne les gens, alors que ce que vous souhaitez c'est les rapprocher de vous. Bien sûr, vous essayez d'arranger vos mots, vos phrases et vous réfléchissez pendant des heures à l'avance aux actes capables d'empêcher toute désapprobation. Mais vos répétitions « mentales » ne peuvent empêcher des réactions inattendues. C'est alors que vous vous mettez à discréditer tout ce que vous faites.

Chaque fois que vos paroles ou vos actes semblent légèrement meilleurs que ceux de quelqu'un d'autre, ou plus ou moins remarquables, vous les disqualifiez instantanément avant d'être critiqué ou rejeté. Vous ne pouvez pas supporter d'entendre quelqu'un dire que vous êtes obstiné, que vous vous vantez ou que les gens pensent que vous êtes un fier-à-bras. Les entendre dire ça vous rend honteux. Vous avez honte de vous sentir important. *L'importance* est réservée à de véritables grandes occasions comme gagner un match, passer un diplôme ou sauver quelqu'un d'une maison en flammes. Ces choses-là méritent une reconnaissance. Vrai ?

Faux ! Même si vous sautiez d'un véhicule en marche pour sauver un chien perdu au milieu de la circulation, vous ne vous en accorderiez aucun mérite. Vous diriez que n'importe qui l'aurait fait dans la même situation et que vous n'avez aucune raison de penser que vous êtes quelqu'un de spécial. Selon vous, tous vos actes sont de pure routine, de ces obligations sociales que chacun remplit, nonobstant le risque encouru ou la réussite finale.

3. En finir avec l'évitement et la fuite

Nous venons de décrire votre comportement actuel. Mais c'est fini. Maintenant, vous savez ce que sont évitement et fuite. Maintenant, vous êtes capable de pointer comment ils se faufilent dans vos pensées et vos actes, comment ils dévorent tout. Il y a assez longtemps qu'ils vous piègent. Alors, voici ce qu'il faut faire : *recherchez toutes les occasions de conflit, guettez tous les faux problèmes qui surgissent et adoptez une approche particulière, pleine d'assurance.*

a) Recherchez des occasions de conflits

En donnant votre opinion

C'est le moment de faire marcher vos cordes vocales. Donner votre opinion implique le risque d'un conflit et d'autres conséquences désagréables. Mais pas si vous y êtes préparé et savez ce que vous faites. Suivez le cheminement suivant pour vous exercer à donner votre opinion :

1. Choisissez quelqu'un que vous connaissez, même votre relation privilégiée. Ce doit être un adulte.
2. Ecoutez ce que dit cette personne.
3. Emettez un commentaire sur ce qui vient d'être dit. Votre commentaire doit aller dans le même sens. Par exemple, si l'autre dit : « Il fait froid aujourd'hui », vous répondez :

« Oui, il paraît même que la température va descendre ce soir. »

4. Ne vous contentez pas d'être d'accord.

5. Ne vous contentez pas de hocher la tête ou d'émettre un grognement.

Marquez votre désaccord

Une autre manière de donner son opinion, c'est d'initier le dialogue. Par exemple :

1. Choisissez une personne de connaissance, voire votre relation privilégiée.

2. Lancez la conversation sur un sujet neutre. Il ne doit pas s'agir d'un thème de prédilection de cette personne, ni d'un thème flatteur pour elle.

Allez plus loin dans l'expression de votre propre opinion en disant quelque chose de différent ou d'opposé à ce que dit la personne à qui vous parlez. C'est un désaccord. Vous êtes habitué à rester silencieux ou à vous sentir mal à l'aise quand des idées contradictoires vous sont soumises. Vous devez, maintenant, briser ce moule.

A faire :

1. Prendre une personne de connaissance, ou votre relation privilégiée.

2. Ecouter ce qu'elle dit.

3. Dire immédiatement ce que vous en pensez. Si vous pensez que c'est faux, dites : « C'est faux ! » Si vous pensez que cela n'a aucun sens, donnez libre cours à vos pensées et sentiments. Ne vous retenez pas. Exprimez-vous au moment où vous le sentez et le pensez.

4. Devant une réponse irritée, répliquez en disant : « C'est seulement mon opinion », ou : « Je suis désolé que tu le prennes comme ça ! »

A ne pas faire :

1. Dire : « Je m'excuse. »

2. Défendre votre argument.

3. Disqualifier vos remarques avant même de les faire (exemple : « Je n'y connais pas grand-chose, mais… »).

4. Discréditer vos paroles après les avoir prononcées (exemple : « J'ai sans doute tort dans ce que j'ai dit... »).

5. Reprocher à votre interlocuteur de ne pas apprécier votre désaccord.

Critiquer autrui

Opinions et désaccords vous ont mené jusqu'au seuil. Mais pour ouvrir la porte en grand il faut prendre des risques plus importants. Le moment est venu de fermer les yeux et d'essayer quelque chose que vous vivez comme un véritable suicide. Croyez-moi, ce n'en est pas un ; c'est juste une sensation. Essayez de critiquer quelqu'un. Voici comment :

1. Choisissez quelqu'un de connaissance ou votre partenaire privilégié.

2. Trouvez-lui un défaut et parlez-lui en.

3. Dites-le une seule fois, sans le répéter, l'étaler ni le marteler. Une seule phrase fera l'affaire. Vous pouvez, par exemple, dire : « Tes ongles sont affreusement sales. »

4. Laissez répondre la personne. Si la réponse est d'ordre négatif, dites simplement : « Je suis désolé que tu le prennes comme ça. » NE VOUS RÉPÉTEZ PAS. Si la réponse est positive, dites : « Je suis content que tu sois d'accord avec moi. » ARRETEZ-VOUS LÀ.

Une fois que vous avez essayé et constaté que ça marche, il se passe quelque chose de singulier. Vous éprouvez soudain le besoin urgent de parler de tout ce qui vous est arrivé de mal. En fait, une fois que vous avez commencé à critiquer vous commencez à vous *plaindre*. Vous avez le sentiment que la chasse est ouverte contre tout et tous ceux qui vous ont fait du mal. Mais c'est une erreur. Focalisez-vous sur une seule critique à la fois.

Défiance et tabou

Soyez maintenant un peu plus audacieux. Faites des choses qui vont à l'encontre du code de « bonne conduite » de votre famille ou de votre entourage. Ce code n'est pas une règle éthique ou morale. Passer outre ne fait pas de vous un démon. Au contraire, la plupart des règles qui se sont instituées entre parents et enfants, époux et membres de la famille ne sont que des accords tacites. Par exemple : « Ne jamais dire que nous crions sur les enfants », ou : « Ne jamais parler des agressions verbales ou physiques du conjoint. » De telles règles visent à vous protéger ainsi que votre partenaire privilégié ou votre famille des intrusions de l'extérieur. Vous ne voulez pas que les autres pensent du mal de vous et vous culpabilisent ? Alors vous censurez certains événements.

Il est temps, à présent, de lever la censure. C'est le moment de répandre la nouvelle en disant et faisant des choses qui paraissent interdites, ou dangereusement mauvaises et rebelles. Laissez tomber vos frustrations en franchissant cette frontière secrète :

1. Repérez un tabou ou « non absolu » familial. Par exemple, vos amis ne doivent pas appeler le soir, après une certaine heure.
2. Mettez en pratique des moyens de violer ce tabou. Par exemple, dites à un ou deux de vos amis d'appeler très tard le soir.
3. Une fois le tabou brisé, soyez prêt à assumer le conflit. Quelqu'un sera furieux que vous ayez brisé cet interdit. C'est parfait. C'est naturel, cela doit arriver pour que vous appreniez à y faire face. **Pour faire changer les gens il faut les gêner et les ennuyer. Rendre les autres heureux n'a jamais fait bouger une situation.**
4. Si la personne réagit négativement, dites simplement : « Je suis désolé que tu le prennes ainsi. »
5. N'acceptez pas « d'en parler » tout de suite. Attendez une journée et que la personne soit calmée.
6. Ne vous repentez pas en vous excusant, en vous sentant coupable, ou en étant gentil avec cette personne pour qu'elle soit contente de vous.

Dire non

Maintenant vous vous êtes exprimé, avez été en désaccord avec quelqu'un, avez critiqué quelque chose et pris quelqu'un à rebrousse-poil en brisant les lois sacrées de la maisonnée.

C'est le début du bien-être, mais vous êtes encore très effrayé. Vous craignez de tenter la chance. Encore combien de temps avant que la digue ne cède ? Encore un pas ? N'est-il pas déjà trop tard ? Non. Vous venez tout juste de commencer.

A présent vous êtes prêt à dire non. Dire non consiste à refuser grossièrement demandes, habitudes et attentes des amis et de la famille. Vous n'êtes pas obligé de faire tout ce que tout le monde veut que vous fassiez ; qu'importe ce qu'ils disent ou ce que vous ressentez en vous-même. Votre intuition chuchote peut-être : « Ça n'a pas de sens, tu ferais mieux de faire tout ça… ou alors… » Mais c'est la seule façon d'éviter le sentiment de culpabilité ou de lui échapper. N'écoutez pas votre intuition. Elle se trompe. Ecoutez plutôt votre voix intérieure qui vous supplie d'essayer encore de nouvelles choses. Ainsi :

1. Choisissez une connaissance ou votre relation privilégiée.

2. Quand cette personne vous demandera de faire quelque chose que vous avez toujours fait, dites non. Les actes de routine sont les meilleures cibles pour un refus. Refusez de conduire les enfants, pour une fois. Refusez d'aller à l'épicerie. Refusez d'aller chez le teinturier. Refusez d'aller travailler. Refusez de préparer un repas. Refusez de faire ce que vous faites habituellement pour aider quelqu'un.

3. Une fois que vous avez dit non, faites quelque chose pour vous. Refusez, par exemple, de tondre la pelouse ; prenez plutôt un bain de soleil dans le jardin derrière la maison. Cela paraîtra très mal et interdit. C'est comme ça que vous saurez que c'est le bon choix ! Vous êtes autorisé à être égoïste de temps en temps. N'ayez pas peur, essayez !

4. Devant une réaction négative, dites simplement : « Je suis désolé que tu le prennes comme ça, mais il faudra trouver une autre solution. » N'aidez pas la personne à trouver une solution pour atténuer la culpabilité que vous ressentez de la mettre dans l'embarras. Ce n'est ni le lieu ni le moment de

jouer au casse-tête. Ce sera pour plus tard. C'est le moment de dire non et de laisser les autres s'y adapter.

Egoïsme

Peut-on se montrer hardi sans en faire trop ? Bien sûr, mais cela demande un peu de sang-froid. Vous avez déjà violé certains tabous familiaux et dit non alors que tout vous poussait à dire oui. Et si vous allongiez un peu votre ligne de chance ? Pour vous montrer égoïste, il suffit de choisir de faire des choses personnelles que d'habitude vous dédaignez, rejetez ou dont vous pensez qu'elles sont incorrectes. Vous avez toujours eu envie de les faire, mais vous en aviez honte. Aujourd'hui, vous vous sentez capable de vous autoriser des désirs personnels modérés. Mode d'emploi :

1. Annoncez à un ami ou à une relation privilégiée que vous avez l'intention de dépenser une petite somme d'argent, de temps ou d'énergie pour acheter ou faire quelque chose pour vous-même. Vous avez peut-être envie d'acheter des vêtements ou simplement d'aller faire les boutiques. Vous pouvez avoir envie d'assister à un événement sportif ou de le regarder à la télé. Ou vous avez envie d'aller dans un certain restaurant. Ou même, plus simplement, de quitter un moment votre travail. A vous de choisir.

2. Répondez aux réticences de cette personne en disant : «Je suis désolé que tu le prennes comme ça, mais c'est ce que je vais faire.» Ne vous excusez pas d'être trop brutal ou égoïste dans vos besoins. Vous avez le droit à du temps pour vous et ne devez aucune excuse à personne pour faire ce qui devrait être tout naturel.

3. Soyez ferme dans la voie choisie. Si vous dites : «Je vais faire A.B.C.», faites A.B.C. Vous convaincrez ainsi les autres de votre sérieux. Faites entendre haut et fort votre message de «Je veux» et, à l'avenir, il rencontrera moins de résistance et plus de coopération.

Rapprochement spatial

Simplement émettre le message «Je veux», c'est déjà gagner la moitié de la bataille. L'autre moitié consiste à prendre pied sur le *territoire* de l'autre personne quand vous lui parlez. Envahir l'espace de l'autre donne instantanément davantage de force à vos paroles et à votre langage corporel. Il faut vous approcher avec assurance, autorité et vous sentir capable d'écarter toute réaction agressive. Essayez de vous approcher de l'autre personne. Voici cinq façons d'y parvenir :

1. Avant de parler, avancez-vous vers la personne choisie ou votre relation privilégiée.
2. Regardez-la droit dans les yeux et parlez.
3. Restez tout près jusqu'à ce que vous ayez fini.
4. Même si un mini-conflit débute, restez fermement sur place et prononcez votre «Je suis désolé que tu le prennes comme ça», ou une phrase similaire.
5. Eloignez-vous après avoir dit ce que vous aviez à dire.

Exigence de réciprocité

«Œil pour œil, dent pour dent.» Ce n'est pas gentil – c'est la loi. Assurez-vous que vos efforts auront leur récompense. Mettez un prix sur tous vos gestes généreux. Bien sûr que vous allez aider : vous allez emmener les enfants au cours de danse, *mais seulement si tout le monde* prend son tour. Les faveurs que vous accordez doivent toujours être retournées, sinon le jour même, très peu de temps après.

Demander aux gens de vous rendre la pareille peut vous sembler pénible. Vous craignez qu'ils ne vous jugent calculateur et manipulateur. Ils risquent de vous considérer comme mesquin et uniquement préoccupé de vous-même. Ce genre de considérations vous a déjà amené à dire oui bien trop souvent, sans rien en retour. Mais il est possible d'en finir avec ces prestations unilatérales.

1. Lorsque vous êtes sollicité pour faire quelque chose pour quelqu'un, demandez immédiatement qu'on fasse quelque chose pour vous en retour. N'attendez pas d'avoir besoin d'un service. Plus vous laissez le temps passer, moins l'autre sera motivé à vous rendre la pareille. Il faut saisir l'occasion de la réciprocité au *moment même où l'autre a besoin de vous.* Le prix de votre aide sera ses propres efforts.

2. De vagues promesses du type : « Bien sûr, je ferai ça plus tard... » ne valent rien. Les promesses ne tiennent pas l'eau. Il vous faut une action rapide. Les autres doivent être prêts à vous aider aussi rapidement et efficacement que vous le faites pour eux. Que cela se fasse toujours dans les deux sens ; l'aide unilatérale est inacceptable.

3. Dites précisément à l'autre ce que vous désirez. Votre requête doit être réaliste, simple et modérée, conforme aux capacités de la personne concernée et demander à peu près la même somme de temps et d'efforts que ce que vous-même devez faire pour elle. Par exemple, vous lui achèterez du café en allant chez l'épicier *si* elle surveille vos enfants en votre absence.

Vos efforts ne sont pas gratuits. Vous avez donné pendant bien longtemps avant d'oser demander quoi que ce soit en retour. A présent, vous exigez plus qu'un simple merci. A leur tour de payer les violons du bal.

Interrompre une tâche

Il est difficile de se mettre à la tâche. Ou bien vous attendez jusqu'au dernier moment, ou bien vous plongez la tête la première et vous vous y immergez sans prendre le temps de respirer. En vous y engloutissant, vous vous sentez moins coupable de ce retard. Un effet secondaire de cette propension, c'est que vous refusez de vous interrompre une fois que vous avez commencé.

Essayez de suspendre une tâche à laquelle vous êtes solidement attelé en faisant des choses telles que :

1. Divisez la période nécessaire en petits laps de temps. Reposez-vous après chaque intervalle. Par exemple, pour un travail d'une heure coupez en trois périodes de vingt minutes.

2. Au bout de 20 minutes, vous posez les instruments, vous vous relevez ou quittez la pièce et passez à une aire de repos. Toute situation reposante, extérieure à votre tâche – comme aller voir vos enfants ou téléphoner – fera l'affaire. Le repos doit durer cinq à dix minutes, ne jamais servir à

une autre tâche ni se transformer en distraction permanente par rapport à ce que vous avez entrepris.

3. Retournez à votre travail pour une nouvelle période de vingt minutes.

Une autre façon de pouvoir vous interrompre dans votre tâche est de demander à quelqu'un de vous en distraire délibérément à un moment où vous ne vous y attendez pas :

1. Demandez à votre époux ou épouse, aux enfants ou aux amis de vous « déranger » de temps en temps, au hasard, pendant que vous êtes au travail.

2. Laissez immédiatement tout tomber et occupez-vous de cette personne. Vous ne vous arrêtez pas pour faire plaisir aux autres ; vous le faites pour devenir capable d'interrompre un rythme de travail compulsif et obsessionnel.

3. Les interruptions vous mettent peut-être encore sur la défensive, même si elles ont été programmées d'avance. Il vous faudra alors utiliser les méthodes de relaxation exposées dans le prochain chapitre.

b) Mauvais choix des occasions de conflit

Tout en avançant dans cette nouvelle voie, de vieilles habitudes peuvent montrer le bout du nez parce qu'elles semblent agréables et que vous confondez peut-être *agrément* et *maîtrise*. Cela arrive sans cesse, même quand vous pensez avoir pris toutes les précautions, même si votre désir de changer est énorme. D'une façon ou d'une autre, les vieilles habitudes vous jouent de méchants tours. C'est pourquoi il est bénéfique d'être au-dessus des « Ne fais pas… » ordinaires pour forger des occasions de conflits. Même si cela vous paraît facile, familier ou juste, il ne faut jamais faire les choses suivantes :

Interdit : **faire les choses dans le dos des gens.**

– *Pourquoi :* la quête secrète d'une justice à cause d'un sentiment de culpabilité ou de fragilité émotionnelle ne fait qu'inciter l'autre à vous blesser davantage. Vos actes indirects créent plus de mauvaise volonté et des inférences infondées sur vos raisons d'agir furtivement dans le dos d'autrui. Cela rend les gens furieux et les pousse à des représailles encore plus vives.

– *Il vaut mieux* faire face et poser vos questions. Expliquez alors pourquoi ce qui est arrivé vous a déplu. Ne craignez jamais d'être direct. Une personne directe a de l'assurance, et cette assurance élimine le sentiment de honte.

Interdit : **la vengeance pour être à égalité.**

– *Pourquoi :* prouver que vous avez raison en égalisant les scores envoie clairement le message que c'est maintenant au tour de l'autre. La balle est dans son camp. Peut-être pensez-vous que la vengeance arrête la culpabilité et restaure un sentiment de maîtrise, mais c'est un leurre. C'est le mauvais type de contrôle : il est malsain. Une saine maîtrise affirme vos opinions, lève les obstacles et vous apprend à vous écarter d'un champ de bataille même si vous pensez avoir raison ou pouvoir gagner.

– *Il vaut mieux* être souple, dire simplement : « Aucune importance. » Quelle importance si l'autre « vous a eu ». Et alors, cela va-t-il vraiment gâcher votre semaine ? Cela attente-t-il réellement à votre personne ? Etes-vous vraiment la risée de vos amis ? Probablement pas. Vous pouvez mettre fin à votre embarras en laissant faire les choses.

Vous vous dites sans doute : « Mais c'est ce que je fais tout le temps. Je m'en vais en disant que c'est sans importance. C'est alors que je me sens grillé. » C'est vrai, vous vous grillez en ne disant rien et en espérant que le conflit va se dissiper. Donc, vous croyez qu'en faisant l'inverse – en prenant votre revanche – vous paraîtrez moins passif. Non. Il y a une meilleure manière de réagir. Il s'agit de s'affirmer d'une façon que nous allons voir dans quelques instants.

Interdit : **se faire aussi dur que l'autre.**

– *Pourquoi :* prouver que vous êtes fort, puissant ou intouchable vous coupe de toute émotion. Vous ressentez cette colère. Plus vous vous énervez, plus vos arguments sont forts. Vous pensez aussi que cette colère peut faire fuir un minable.

Une épreuve de force est un comportement d'évitement typique ; vous évitez le conflit par une confrontation physique et vous sautez par-dessus les mots, les idées et la bonne communication.

– *Il vaut mieux* choisir ce que vous voulez dire et le dire. Soyez bref, mais direct. N'utilisez pas votre agressivité musculaire. Jugulez-la, elle ne peut rien réussir.

Interdit : **aller se cacher.**

– *Pourquoi :* vous ressentez la défaite et croyez minimiser vos pertes en battant rapidement en retraite vers un lieu sûr, avant d'être fait prisonnier. L'ennemi, c'est quiconque est fâché contre vous. Vous vous cachez par sécurité et pensez que le conflit va s'apaiser. Mais un conflit ne s'éteint jamais. Il se dématérialise pour un moment et se rematérialisera sous une autre forme, à un autre moment. Vos efforts pour vous cacher sont vains.

– *Il vaut mieux* comprendre quel est le problème et demander des précisions. Faites face, tout en sachant que vous serez blessé, culpabilisé ou angoissé. Attendez-vous à ressentir tout cela. Aucune ruse pour esquiver la douleur inévitable de la confrontation ne pourra vous faciliter la tâche.

Interdit : **fumer des cigarettes, boire de l'alcool ou utiliser d'autres drogues.**

– *Pourquoi :* est-ce qu'un joint par jour suffit à faire taire la colère ? Bien sûr que non – mais c'est difficile de le faire admettre à votre corps. Fumer des cigarettes, avaler des comprimés, boire de l'alcool ou user d'autres drogues vous envoie d'emblée au pays de l'évitement. Vous fuyez la frustration, le conflit, la critique et le rejet… et vous fuyez votre honte. Ces substances vous accordent un répit passager quant aux grands problèmes de l'existence et vous évitent de faire face à ces mêmes problèmes.

Il vaut mieux, si vous faites usage de drogues, comprendre pourquoi. Soit elles vous calment, soit elles vous excitent. Dans un cas comme dans l'autre elles créent une paix et une tranquillité factices qui se terminent aussi vite qu'elles ont commencé. Arrêtez donc de fuir à travers un tabagisme excessif, le café, l'alcool, les drogues, le sexe ou autres comportements d'addiction. Interrompez le cycle en considérant ce qui vous a amené à la spirale de l'utilisation de ces substances. Puis résistez à l'envie aussi longtemps que vous pouvez. Au début, résistez jusqu'à vous sentir très énervé ou anxieux ; c'est votre ligne de retrait émotionnel. Une fois-là, vous êtes prêt à affronter le problème lui-même, sans le coup de fouet de ces substances.

Interdit : **avoir une aventure extraconjugale.**

– *Pourquoi :* c'est formidable de s'entendre dire qu'on vous désire, qu'on s'intéresse à vous et que vous avez vraiment quelque chose de spécial – surtout quand on n'a jamais entendu ça auparavant ! Vos parents ne vous l'ont jamais dit. Peut-être une fois ou deux. Votre conjoint non plus. Ou peut-être une fois ou deux. Et vos amis ne vous le disent jamais. Même pas une fois ou deux. Tout d'un coup vous rencontrez quelqu'un qui vous écoute ! Vous n'avez pas grand-chose à faire pour plaire à cette personne. Tout ce que vous faites lui plaît. C'est trop extraordinaire, ce n'est pas réaliste...

Mais c'est vrai. Vous êtes soudain entiché d'une personne qui dit et fait ce que vous aviez toujours désiré d'un partenaire amoureux. Alors pourquoi ne pas « y aller » ? C'est simple. Vous êtes marié et les relations en dehors du mariage ne marchent jamais. Peut-être que ça peut marcher après la fin d'un mariage, mais pendant le mariage une telle relation crée une sorte de « Fais-moi du bien » de substitution à la réalité des choses. Une telle relation est une compensation de ce que vous n'avez pas et ne savez pas comment obtenir. Et encore pire : cette personne parfaite qui dit et fait tout ce que votre conjoint ne dit ni ne fait, a peut-être tout un tas d'autres problèmes que vous ne percevez pas pour l'instant. Très souvent ces problèmes concernent exactement les mêmes choses que celles que vous détestez dans votre mariage.

Les relations extraconjugales sont une mauvaise nouvelle car elles évitent et camouflent les vrais problèmes : manque de communication et sexualité insatisfaisante. Elles permettent d'échapper aux sentiments pénibles, aux mauvais traitements et à une anxiété intense. L'infidélité n'a jamais résolu ces problèmes, mais elle crée de nouveaux problèmes. A présent, vous devez aller plus loin dans l'évitement et la fuite pour cacher votre amant et tenir secrets vos lieux de rendez-vous. Vous êtes obligé de mentir, de tricher et de garder physiquement vos distances avec votre conjoint pour sauvegarder votre loyauté envers votre amant, ou amante. Il vous faut sans cesse surveiller vos arrières au cas où une de vos connaissances vous verrait. Vous devenez un agent secret tramant une romance secrète.

– *Il vaut mieux,* quand des amis amoureux recherchent votre intimité, vous poser tout de suite l'évident : POURQUOI ? Dites-vous à vous-même : « J'utilise déjà des comportements d'évitement, ai-je besoin de fuir encore davantage dans ma vie ? » Ensuite, refusez les rapports intimes et utilisez la situation pour jauger votre vulnérabilité à la compassion qu'on vous témoigne. Le moment est venu d'aborder ce sujet avec votre conjoint.

Interdit : **quitter son travail.**

– *Pourquoi :* « Je vais leur montrer qui est le patron », peut se retourner contre vous très vite. Cela conduit aux longues attentes dans la file des chômeurs. Vous allez penser qu'éviter le stress induit de quitter sa place. Mais non. Quitter son travail sans tenter auparavant de résoudre les angoisses qu'il génère, c'est comme se couper le nez pour se cracher dessus. Vous avez besoin de votre nez pour respirer et vous avez besoin de votre emploi pour avoir un revenu indépendant. Ce sentiment de supériorité d'avoir bien embêté vos employeurs ou vos collègues n'est que temporaire. En fait, ils s'en fichent. Ils vont vous remplacer par quelqu'un d'autre. Pour eux, la vie continue, mais vos problèmes à vous s'accroissent. Il faut vous démener pour trouver un autre travail, re-prouver vos capacités et pratiquement tout recommencer. Dans un autre emploi vous pourriez même vous retrouver face aux mêmes problèmes employeur-employé.

– *Il vaut mieux* résoudre le problème une bonne fois dans votre travail actuel, et vous ne vous sentirez plus si démuni dans d'autres emplois.

4. Affirmation D.E.S.C.

Parler tout haut, dire non et exprimer sa colère, tout peut se ranger sous la rubrique *confiance en soi.* En général, la confiance en soi signifie « protéger ses droits » ou donner son avis aux autres. Plus ils en entendent sur ce que vous ressentez, plus vous êtes soulagé. Et c'est en partie vrai. Vous avez effectivement le droit d'exprimer vos sentiments, et il est vrai que vous soulagez votre malaise en l'exprimant tout haut. Mais ce n'est là que le commencement.

a) Essayez de nouveaux comportements

Avoir *le droit et le besoin* de s'exprimer soi-même ne fait pas forcément bouger. Il en faut plus. Il faut prendre *des risques.* Quel risque y a-t-il à dire la première chose qui vous vient à l'esprit ? Découvrez ce qui s'applique à vous :

– J'aurais l'air stupide.
– Je vais ennuyer tout le monde.
– Je vais le regretter.
– De toute façon, c'est sans importance.

Pire, si vous agissez d'instinct, en parlant avant de réfléchir, et que cela tourne mal, que craignez-vous qu'il puisse arriver ?

– Je vais le payer, on va me taquiner ou me critiquer.
– On va me détester.
– Je serai déprimé pendant plusieurs jours.

Il se peut que vos genoux se mettent à trembler. Cela vous arrive toujours et il n'y a pas de raison de penser qu'aujourd'hui – ou demain – ce serait différent. Sauf une bonne raison : aujourd'hui vous essayez de nouveaux comportements, donc vous pouvez maîtriser tous ces réflexes d'angoisse. Les empêcher serait le bienvenu, mais c'est peu probable. C'est pourquoi affronter les problèmes *après* qu'ils se soient posés est aussi une bonne approche.

Vous avez été trop prudent, vous avez trop calculé pour empêcher les désagréments et voyez ce qui est arrivé : des événements désagréables se produisent encore. Vous ne pouvez les prévenir, alors ne soyez pas aussi soucieux d'éviter les conflits, les critiques et le rejet. Les interactions humaines normales impliquent conflits, critiques et rejet. Ils font partie d'une vie équilibrée. Tous les jours, quelqu'un va dire ou faire quelque chose qui vous contrariera, quoi que ce soit que vous disiez ou fassiez. Soyez-en assuré. Mais traiter ces problèmes après leur apparition est différent. Là, vous avez la possibilité d'un contrôle en changeant de comportement.

C'est là l'utilité de D.E.S.C. qui est un sigle signifiant : Décrire, Exprimer, Spécifier et Conséquences. Toutes les étapes se suivent dans un ordre simple pour faire passer votre message aux gens qui vous ont offensé. Ils vous ont offensé soit *dans ce qu'ils ont dit, soit par leur façon de le dire,* c'est-à-dire par leurs mots ou leurs actes. Les mots peuvent être blessants pour bien des raisons : la personne peut vous injurier, être condescendante, vous rabaisser ou dire du mal de ceux que vous aimez. Si les actes parlent plus fort que les paroles, c'est seulement parce que vous «lisez dans» les actions. Le silence peut être offensant, de même que des attitudes grossières et rigides, une voix trop forte ou quelqu'un qui pleure tout le temps.

D'accord, mais posons-nous une question évidente : si ce qu'ils disent ou comment ils le disent est si blessant, comment ne le savent-ils pas ? «Pourquoi suis-je la seule personne qui trouve ça si gênant ? Et si ce que je considère comme offensant *ne l'était pas du tout en réalité ?*»

C'est pour cela que vous allez examiner vos réactions. Ne faites pas confiance aux devinettes. Essayez d'utiliser l'échelle suivante pour déterminer qu'une conduite est offensante.

b) Echelle d'un comportement offensant

Si ce comportement vous met en colère, est-ce par ce qui est dit ou par la façon dont c'est dit ?

Ces caractéristiques le rendent offensant. Mais si vous dites : « Non, non, ce n'est pas ce qu'il a dit, ni comment il l'a dit, c'est le *pourquoi* il l'a dit », cela signifie que ce comportement n'est peut-être pas offensant. Un comportement offensant c'est ce que vous *voyez* et *entendez*. C'est aussi ce que d'autres voient et entendent. Lire sous les mots ou percer à jour des significations cachées dont vous pensez qu'elles ont motivé l'action offensante ne la rendent pas telle pour autant.

Et voici un second problème : supposons que vous sachiez qu'il s'agit bien d'un comportement absolument offensant. Cela signifie-t-il que l'autre personne pense également que son comportement est offensant ? Probablement pas. L'offenseur est habituellement inconscient de l'être à ce moment-là. Même s'il l'admet, cela ne veut pas dire qu'il puisse instantanément changer de comportement ni en accepter la responsabilité. Alors, comment faire pour que les autres reconnaissent que leurs actions sont offensantes tout en vous débarrassant, vous-même, de votre sentiment de culpabilité ?

C'est le but de D.E.S.C., et voici son utilisation :

D comme Décrire :

Décrire signifie que vous dites à la personne qui vous offense exactement ce qu'elle a fait ou dit et qui vous a mis en colère. Enoncez-le dans des termes clairs.

Exemple : « Mais Jean, tu viens de me crier dessus ! »

E comme Exprimer :

Exprimer veut dire que vous expliquez brièvement ce que vous ressentez à propos de ce que l'on vous a dit ou fait. Utilisez le minimum de mots.

Exemple : « Jean, cela blesse mes sentiments. »

S comme Spécifier :

Vous *spécifiez* à la personne ce que voudriez qu'elle dise ou fasse à la place de ses mots ou actions offensants. Vous donnez le choix. Ces choix doivent être simples, énoncés en un langage compréhensible et *immédiatement* applicables. Ne demandez jamais une promesse pour plus tard. Ce qui compte, c'est maintenant.

Ce guide vous aidera à imaginer des comportements « alternatifs ». Demandez à l'autre personne de :

- faire le contraire de ce qu'elle est en train de faire ;
- clarifier la raison de son acte ;
- faire quelque chose d'autre de positif ;
- faire quelque chose de positif qu'elle sait déjà faire.

Exemple : « Jean, pourquoi ne pas baisser la voix ? »

C comme Conséquences :

Ce serait bien agréable si cela suffisait. Imaginez votre offenseur disant, tout heureux : « Youpi ! Merci de m'avoir mis le doigt sur mon comportement. Tu es tellement formidable d'avoir fait ça ! » Ce serait bien, non ? Vous pouvez toujours rêver, cela se passe rarement ainsi. Ordinairement, la personne en cause est ébahie de vous voir ouvrir la bouche, sans parler de prononcer avec assurance une suite de mots qui viennent récuser ses paroles. Mais c'est bien ce que vous avez fait et vous n'avez nulle intention de revenir dessus. Il faut donc vous préparer à en tirer les conséquences si l'autre n'est pas prêt à vous écouter.

Quelles sont ces conséquences ? Allez-vous proférer des menaces ? « Eh, tu ferais mieux de la fermer, sinon... ! » Non, ce n'est pas la chose à faire. Allez-vous poser des ultimatums menaçant de réduire à néant tous les privilèges de l'autre, ou menacer de séparation ou de divorce ? Non, ce n'est pas non plus la bonne solution.

Alors, si rien ne marche, qu'est-ce qui peut marcher ? « Comment lui faire assez de mal pour me faire comprendre ? » C'est là la question. Pour obtenir la bonne attitude envers vous, il n'est pas utile de blesser ou de menacer. Vous obtiendrez un comportement correct à votre égard grâce à des motivations *positives,* non pas *négatives*. Pour avoir des résultats rapides, il faut mettre la carotte et pas le bâton sous le nez de la personne.

Les *conséquences,* ce sont ces carottes. Interrogez-vous : « Qu'est-ce que Untel veut de moi, en ce moment précis ? » C'est-à-dire, pourquoi est-il (est-elle) en train de me crier dessus ? Pourquoi ces insultes ? Ce que la personne veut de vous – en général, votre attention – c'est précisément ça, la récompense que vous offrez dans le cadre des *conséquences.* Ne cherchez pas quelque gratification extraordinaire. Pas de promesses de petits plats, de sexe ou autres dont vous pensez que l'autre les désire, juste pour obtenir le comportement que vous souhaitez. Ces récompenses sont fallacieuses et ça ne marchera pas. Utilisez plutôt ce que la personne veut de vous. Mettez de la bonne volonté à lui prêter attention, à l'écouter, même à faire des compromis sur des sujets sensibles, tout ça en échange des modifications de comportement que vous demandez.

Exemple : « Jean, *si* tu baissais la voix, *alors* j'écouterais ce que tu as à me dire. Mais *si* tu continues à crier, *alors* j'ai autre chose à faire. »

Mettez tout ça ensemble, et voici que ça fonctionne, comme une longue chaîne de phrases :

« Mais Jean, tu viens de me crier dessus ! »

« Cela m'a blessée. »

« Et si tu baissais la voix ? »

« Jean, *si* tu baisses la voix, *alors* j'écouterais ce que tu as à me dire. *Mais si* tu continues à crier, *alors* j'ai mieux à faire. »

5. Les barrages

Bon, jusqu'à présent tout va bien. Vous avez prononcé les paroles. Que va-t-il se passer ? Est-ce que l'autre personne va automatiquement aller se coucher et faire le mort ? Guère de chances. Elle va se battre bec et ongles, avec des insultes dont vous n'avez même pas idée. Sa fureur va atteindre des sommets jusqu'à ce que soit vous pliez sous l'attaque, soit vous usiez de toute votre énergie pour lui tenir tête. Si vous avez réussi jusqu'ici, vous pouvez aller plus loin. Cela deviendra de plus en plus facile au fur et à mesure du renforcement de votre contrôle, un contrôle sain. Vous en êtes capable!

La façon inamicale de répondre à votre D.E.S.C. consiste à placer des *barrages* sur votre route. Ce sont des remarques méchantes destinées à vous déstabiliser dans vos efforts d'affirmation de vous-même. Votre interlocuteur n'en croit pas ses oreilles. Il est complètement abasourdi. Secoué, il réagit de façon défensive parce qu'il ne sait pas quoi faire d'autre. Une autre réaction peut consister à vous remettre dans votre position d'humilité et de gentillesse afin de reprendre le dessus.

Voici ce qu'il peut vous dire ou vous faire :

- Vous accuser de mentir.
- Retourner vos paroles et dire que vous avez tort.
- Crier encore plus fort.
- Vous menacer.
- Vous frapper ou menacer de le faire.
- Casser des objets dans la maison.
- Se moquer de vous.
- Vous mettre dans l'embarras en public.

Tout cela parce qu'il (ou elle) ne sait pas quoi faire. Vous êtes tout simplement devenu *quelqu'un d'autre;* à ses yeux vous êtes un martien. Et comment réagiriez-vous devant un extraterrestre lors d'une première rencontre? Vous ne réagiriez pas et resteriez sidéré. C'est comme ça que le ressent cette personne qui vous attaque. Vous l'avez prise au dépourvu et elle parle et agit d'instinct. Mais ne cédez pas. Ne vous laissez pas balayer par ces obstacles simplement parce qu'ils semblent menaçants ou effrayants. Comprenez que votre meilleure approche est de dire tout simplement : «Ce n'est pas le sujet, le sujet c'est...» et reprenez votre schéma D.E.S.C.

Après avoir répété deux ou trois fois le schéma D.E.S.C., et même si les conséquences envisagées ne suivent pas, tout n'est pas perdu. Esquivez-vous poliment en disant simplement : «Je suis désolé que tu le prennes comme ça.»

Cette phrase n'est pas une attitude d'évitement ou de fuite. Vous vous êtes déjà exprimé clairement, avez offert un compromis et supporté vicissitudes après vicissitudes. Ne vous acharnez pas à « gagner la partie ». Il n'y a pas d'enjeu. Tout ce que vous vouliez, c'était dire ce que vous aviez sur le cœur et que l'autre l'entende. Et vous vous en êtes bien sorti. N'allez pas plus loin pour l'instant. Si c'est tout ce qui en résulte, soit. Laissez reposer.

Vous aurez beaucoup d'autres occasions de mettre votre nouvelle aptitude en pratique. Et à chaque fois vous ferez des progrès.

ETAPE N° 5

N'ayez plus peur de vous sentir rejeté

Si je pouvais en faire plus,
Si je pouvais travailler avec plus d'acharnement,
Si je pouvais aimer davantage
Alors je ne me sentirais jamais blessé
Et je ne me sentirais jamais seul.

SI... SI..., vous vous sentiez blessé(e) et seul(e). Toujours vous vous sentiriez ainsi. Et ce n'est pas de votre faute. Vous n'êtes pas le chêne tout-puissant, dominant de manière imposante tous les autres arbres de la forêt, plus haut que les montagnes, plus grand et meilleur que le meilleur de la nature. Vous n'êtes pas imperméable à la douleur et à la souffrance ; vous les ressentez à chaque instant. Et ce n'est pas parce que vous êtes plus faible, plus petit ou plus triste que la plupart des gens ; c'est parce que vous *n'êtes pas indifférent* à autrui.

1. La réaction de rejet

Vous vous souciez tellement de tout le monde et de toute chose qu'il y a trop de gens avec qui partager vos préoccupations. Donc, vous essayez d'être sélectif. Vous vous montrez attentif envers votre conjoint, vos enfants, vos amis, vos parents, vos frères et sœurs. Tous reçoivent une part du gâteau. Ils apprécient, vous pas… car il ne vous en reste pas ! Et quand ils désirent davantage de gâteau, il n'y en a plus. Vous vous sentez vide. Même si vous faites semblant de leur donner de l'amour quand il ne vous est plus possible d'en donner, ils en veulent encore. Vous n'arrivez pas à satisfaire leur appétit. Ils sont dépendants de votre amour, de vos soins. Et vous êtes le fournisseur. Vous les maintenez donc dans cette dépendance.

Ce n'est que lorsque vous dites « Assez ! », soit pour un instant, soit pour toujours, que la situation s'emballe. Vous leur retirez votre amour et vos soins et, soudain, ils se sentent démunis, tristes. Ils deviennent fous. Cela déclenche une réaction appelée *rejet.* On vous rejette parce que quelque chose est arrivé. Et vous avez le sentiment que ce qui est arrivé est de votre faute. Vous vous accusez immédiatement d'être trop arrogant, manquant de sensibilité, trop meurtri et peinant l'autre. « Pour que cette personne me rejette, j'ai vraiment dû aller trop loin cette fois – que Dieu me vienne en aide. » Le rejet se transforme en abandon : « Maintenant, j'ai perdu cette personne à tout jamais ! » Et cela semble pour toujours.

Le rejet est toujours perçu comme négatif, comme un véritable fléau. Mais ce n'est pas un fléau. Etre rejeté, c'est prendre une bouffée d'oxygène. Vous devez l'inhaler pour rester en vie. C'est une *obligation.* Il vous faut apprendre à ressentir, à tolérer et à accepter le rejet comme une réaction normale qui fait partie des surprises de la vie. Le rejet devient une dose positive d'un médicament. Une fois la peur maîtrisée, il permet de construire l'estime de soi. C'est alors que vous considérez le rejet comme une journée d'un froid glacé. Si vous détestez le froid et la glace, c'est désagréable. Mais si vous apprenez à aimer la glace, à l'utiliser, soudain le nœud que vous sentez à l'estomac disparaîtra. Vous faites du patin à glace, vous skiez, alors le froid et la glace deviennent vos amis. Il en est de même en ce qui concerne le rejet. Comprenez que le rejet fait partie de la vie quotidienne et il deviendra votre compagnon le plus intime. C'est alors que vous vous sentirez en bonne santé pour essayer de nouvelles choses. Donc, bienvenue à l'étape n° 5.

2. Affrontez le besoin de vous sentir blessé

Il est facile de blesser les gens. N'importe quelle chose, aussi anodine soit-elle, peut provoquer la colère et le dédain des personnes pour qui vous avez tout fait afin qu'elles soient heureuses. Maintenant elles ne sont plus heureuses. Et c'est bien. Il faut qu'elles se sentent malheureuses pour que vous vous sentiez dégagé de votre culpabilité.

Pourquoi devez-vous ennuyer les gens ?

Il vous faut ennuyer les gens pour pouvoir :

– Rompre le cercle de l'habitude qui vous pousse à faire tout ce qu'ils demandent.

– Les obliger à se sentir responsables.

– Les obliger à vous prendre au sérieux.

– Compter sur les autres pour vos besoins de dépendance.

Pourquoi vous devez être haï

Que se passe-t-il si les contrariétés deviennent amères ? Supposez que votre famille ou vos amis soient si rancuniers et en colère contre vous qu'ils vous haïssent. Et alors ? Qu'ils vous haïssent donc ! Ils ne vont pas vous haïr éternellement. La haine ne dure jamais éternellement, elle est temporaire. Elle agit comme un barrage : elle induit un sentiment de honte chez vous pour que vous repreniez vos anciennes habitudes. Mais vous n'allez pas les reprendre. Plus jamais ! Ces habitudes sont une histoire passée.

Envisagez la haine non pas comme un sentiment néfaste, mais comme le point de repère d'une manifestation positive. Avoir des sentiments de haine, c'est prendre un nouveau départ ; et vous voici à la première étape qui vous amènera à vous libérer de votre culpabilité. Vous devez provoquer chez les autres de l'ennui, de la colère et de la haine pour qu'ils :

– reportent leurs frustrations sur d'autres personnes;
– sachent que vous ne changerez pas d'avis sauf s'ils se conduisent différemment;
– commencent à vous percevoir comme une personne digne de respect.

Pourquoi vous ne pouvez pas être dupe de ce que vos proches feront aux autres

« Ils vont reporter leurs frustrations sur d'autres?... En aucune façon ! » Telle est votre première réaction. « Pourquoi d'autres gens seraient ennuyés ? C'est de ma faute, pas de la leur. » Vous avez peur que d'autres gens reçoivent le gros de la colère que vous avez causé chez cette personne agressive. Vous vous souciez d'eux et voulez les secourir avant qu'il ne soit trop tard. Vous craignez aussi que les personnes dérangées ne vous en veulent. D'une manière ou d'une autre, elles vont découvrir celui qui a causé l'agacement de l'agresseur. C'est pourquoi elles vous haïront à tout jamais.

C'est une mauvaise habitude que de vouloir prédire qui sera touché, qui sera en colère et quelles seront les conséquences. Vous êtes en train de commettre la même erreur que lorsque vous interprétiez la situation sans connaître les faits : s'ils vous en veulent vraiment d'avoir mis ce gars en colère, *cela importe qui ?* Qu'y a-t-il d'horrible à déclencher la colère chez plusieurs personnes ? Réponse : il n'y a pas de mal à cela.

C'est éprouver le sentiment de se sentir en vie, c'est réaliser que votre force dépend de votre capacité à ne plus avoir peur; ce qui vous effraie le plus, c'est que vous avez causé la tristesse de tout le monde. La colère et la souffrance que ressentent les autres parce que vous vous défendez est une question de territoire, et vous devez laisser les personnes fâchées gérer leur colère toutes seules. Ce n'est pas de votre faute, ce n'est pas votre colère et ce n'est pas à vous de remettre les choses à leur place.

Pourquoi ne pas pouvoir construire l'amour de soi sur l'amour qu'on vous porte ?

Ne jouez pas à « Miroir, miroir sur le mur. » Votre réponse sera toujours : « Je suis la plus jolie d'entre toutes selon l'amour que l'on me porte. » Peut-être attachez-vous trop d'importance à ce que votre compagnon ou vos amis pensent de vous. Selon vous, l'amour qu'ils vous portent est fonction de l'attention que vous leur témoignez et de votre vigilance à éviter tout conflit. Quand vous vous sentez rejetée, cependant, cela change tout.

Maintenant vous avez dérangé leurs habitudes. Ils aimeraient mieux être avec quelqu'un d'autre. Ils vous ont placée sur une voie de garage jusqu'à ce que vous vous excusiez ou reveniez demander pardon à genoux. Vous ne voulez pas vous abaisser autant mais, intérieurement, vous vous sentez tellement effrayée émotionnellement, tellement abandonnée… vous avez peur de ne plus pouvoir les remplacer. Vous ne vous sentez bonne que lorsqu'ils vous considèrent comme telle. Une fois qu'ils vous ont laissé tomber, vous vous laissez tomber. Cela va aussi vite que ça.

Mais qui vous êtes et pourquoi vous êtes spéciale ne peut pas dépendre de l'avis des autres. Votre vie tourne autour de gestes routiniers qui vous appartiennent complètement. Le choix de vos vêtements, de vos programmes télévisés, de votre nourriture, etc., tout cela doit reposer sur des préférences personnelles. Prenez garde à ne pas être trop influençable. Si quelqu'un vous dit : « Tu n'es mon amie que si tu regardes *Des chiffres et des lettres* et *Questions pour un champion* », sans doute êtes-vous en mesure de gérer la situation. Que vous aimiez ou non ces émissions, vous n'allez-vous pas vous empresser de rentrer chez vous dans l'unique but de conserver cet ami. Vous réagiriez de la même façon si cet ami persistait à croire que ceux qui mangent des barres Slim Fast ne font pas un régime sérieux et ne font pas partie de ses amis. Cela voudrait-il dire que vous allez jeter tout votre stock de barres Slim Fast prévu pour un an ? J'en doute.

En ce qui concerne les choix télévisés ou alimentaires, gardez les vôtres ! C'est simple. Vous êtes maître en la demeure et vous pouvez résister à des pressions mesquines si vous prenez conscience qu'elles n'ont rien à voir avec votre personnalité. Donc, quelle est la différence si une personne dit : « D'accord, pour cette fois uniquement tu peux venir chez moi pour la fête », ou : « Cet ensemble ne te va pas du tout », ou encore : « Prends des cours de bowling sinon tu ne joueras pas dans l'équipe. » Ces menaces sont plus écrasantes ; elles vous obligent soit à y répondre instantanément, soit à affronter la perte de cette amitié. Oui, vous vous rendez à la fête que donne cette personne ; oui, vous admettez que votre ensemble ne vous va pas bien ; encore oui, vous êtes minable au bowling.

Leurs conseils *paraissent bons* parce ces décisions ne s'appliquent pas aux routines. L'image que vous avez de vous-même provient de l'image que les gens se font de vos activités quotidiennes, de celles qui sortent de la routine et, soudainement, vous avez le sentiment qu'ils en savent plus sur vous que vous-même. Vous avez plus confiance en eux qu'en vous-même. C'est parce que vous ne voulez pas courir le risque d'être non-conformiste, de faire parade et, probablement, de faire le mauvais choix.

Mais c'est ici que le bât blesse. Leurs idées sont tout aussi fausses. Ils n'ont jamais eu la meilleure note en matière de conseils. En fait, les conseils que vous donnent les gens, quelque intimes qu'ils soient, ne sont que des conseils. Ils ne répondent pas forcément à vos *besoins* et peuvent s'avérer mauvais pour vous. Si une personne dit qu'elle peut boire trois bières en une heure, cela signifie-t-il que vous aussi vous pouvez le faire ou que vous devriez le faire ? Bien sûr que non. Votre corps réagit différemment à la bière. Et il en est de même pour toutes les idées que vous donnent les gens. Ne croyez jamais quelqu'un avant que vous n'ayez tous les faits. Et si faire ce qu'ils veulent signifie qu'ils vont vous aimer davantage, alors vous n'avez pas besoin de *leur* amour.

Vous avez besoin de *votre* amour. S'aimer, c'est savoir dire non. L'amour de soi, c'est mettre en pratique vos idées, d'autres qui seront empruntées et certaines que vous avez construites entièrement seul, toutes pleines d'imperfections et de risques.

3. Risquez la désapprobation

Vous pouvez essayer de provoquer le rejet des autres. Souvenez-vous : vous voulez que les gens vous rejettent pour apprendre à ne pas dépendre de leur amour, de leur amitié ou d'autres promesses qui vous font vous sentir important. L'indépendance encourage l'amour de soi et l'ambition. Aussi, essayez de :

Changez vos routines quotidiennes

Cela signifie que vous devez modifier une habitude quotidienne. Vous devez modifier légèrement les actes routiniers et que votre entourage trouve confortables. Par exemple, au lieu de prendre la douche le soir, prenez-la le matin. Au lieu d'aller vous coucher tard, allez au lit plus tôt. Vos intimes, affectés par le changement de vos habitudes, devront aussi dans une certaine mesure changer les leurs, ce qui peut causer des désagréments. Et c'est exactement ce que vous voulez : leur causer des désagréments.

Modifiez vos opinions

Si vous êtes démocrate, essayez d'adopter une position républicaine. Prononcez-vous davantage dans la vie quotidienne. Rejetez certains sujets sur lesquels vous étiez d'accord ou que, par ignorance, vous jugiez sans importance. Votre regain de communication peut surprendre vos proches et vos amis, voire même les ennuyer. Ainsi, désormais ils parleront avec davantage de prudence. C'est bien qu'ils devinent eux-mêmes. Vous avez été sans surprise pendant des années; maintenant il est temps de changer. Qu'ils se demandent eux-mêmes ce qui se passe et qu'ils prennent conscience qu'ils doivent changer leur conduite pour pouvoir répondre à celle que vous venez d'adopter.

Changez votre personnalité

Vous avez déjà une personnalité merveilleuse. Vous avez sans doute peur d'essayer d'être différent au cas où cela s'avérerait un échec, incommoderait ou blesserait les personnes que vous aimez. Désormais, vous avez l'opportunité de risquer des écarts minimes dans votre conduite en dépit de tout ce que peuvent penser les autres. Votre façon de parler, ce que vous dites, la façon de vous habiller, votre rire, votre conduite de travail... autant de bons candidats pour le changement. Faites l'expérience de nouvelles caractéristiques que vous admirez chez d'autres ou qui, selon vous, peuvent être drôles, mais dont la réalisation a été entravée par votre trop grande réserve. Faire l'expérience de nouvelles conduites, c'est une chose tout à fait normale pendant les dernières années de l'enfance et celles de l'adolescence. Mais peut-être étiez-vous trop préoccupé pendant vos années d'adolescence pour avoir eu la chance de tenter de nouvelles expériences ? Ou peut-être vos parents ne vous ont-ils pas permis d'adopter une conduite différente parce que cela les gênait trop ?

Mais maintenant c'est possible. Qui vous a dit que la personne que vous êtes aujourd'hui devait rester la même pour le restant de sa vie ? Vous pouvez changer n'importe quoi, allonger une autre dimension ou créer une autre image de vous, du moment que vous faites ses changements parce que *vous* le désirez.

Changez votre relation

Si vous désirez immédiatement connaître le rejet, essayez de rompre avec votre relation actuelle avec laquelle vous avez toujours eu des ennuis. Vous ne voulez plus de cette relation et vous êtes fatigué de prétendre que, demain, les choses seront différentes. Donc, finissez-en. L'étape n° 10 va vous en dire davantage sur la manière d'y parvenir.

4. Laisser-aller – Détachement

Vous avez appuyé sur le bouton qui dit : « Allez. Maintenant, vous êtes à mi-chemin et il n'y a pas de point de retour. » Et vous pouvez parvenir au but en vous détachant sans vous sentir coupable.

Apprendre à *se détacher*, c'est ne plus accepter de se responsabiliser pour les sentiments des autres – vous n'allez pas vous préoccuper de ce que vous ressentez. Peut-être avez-vous pensé qu'être *détaché* signifiait ne rien éprouver, être paralysé. C'est faux. Il est dangereux d'engourdir ses sentiments. Actuellement, la peur et la panique paralysent vos sentiments tout comme elles le faisaient lorsque vous étiez enfant ou lors de vos ruptures. Vous avez appris de façon erronée à tourner le dos, à apaiser tout conflit, toute critique et tout rejet avant que cela n'aille trop loin. Ce que vous ressentez, c'est un sentiment d'impuissance ; vous vous éloignez encore davantage d'une haine et d'un danger plus grands en vous cachant derrière un mur très haut.

La meilleure façon de se sentir détaché, c'est de ne pas construire de mur. Il ne faut pas vous tenir à l'écart de la haine. A la place, permettez-vous de considérer vos désirs, vos sentiments et vos idées personnels comme plus importants que ceux des autres. Vous vous projetez sur un écran imaginaire et vous êtes plus grand que la vie et plus imposant que quiconque autour de vous. A ce moment précis, il vous est permis d'être arrogant. Comme les stars de l'Age d'or d'Hollywood, tout votre entourage vous envie. Vous n'avez pas « les pieds sur terre » et rien ne peut ébranler ce sentiment merveilleux que vous éprouvez envers vous-même.

Une fois parvenu à avoir cette image de vous, commencez à faire la liste des raisons qui font que vous êtes meilleur que l'autre personne. Elles peuvent être de différent ordre :

– Je suis MEILLEUR que lui parce que je ne dirais pas ce qu'il est en train de dire.

– Je suis MEILLEUR que cette personne parce que je n'agirais pas comme elle.

– Je suis MEILLEUR que cette personne parce que je peux rester calme et garder le contrôle de moi-même.

5. Pourquoi le rejet ne signifie pas abandon

Vous vous sentez aux anges. Vous êtes numéro 1. Cette fois, ce n'est pas le moment de plaisanter. Vous voulez vraiment rester en haut de l'échelle. Mais que pouvez-vous faire à propos de ces peurs qui persistent ? Ces peurs qui vous crient : « Pourquoi fais-tu l'imbécile ? Tu rayes tout le monde de ta vie, et personne ne voudra plus de toi ! » Vous essayez d'ignorer ce sentiment d'irritation, mais il ne s'en va pas facilement. Nuit après nuit il apparaît tel un fantôme, prêt à détruire votre calme intérieur.

Vous êtes en train de penser qu'être *abandonné,* c'est le prix à payer pour pouvoir être un crack et provoquer le rejet des autres ; le rejet est synonyme d'abandon. Mais ce n'est pas vrai. Vous n'êtes abandonné de personne. Vous avez seulement contraint votre entourage à ne plus commettre, comme par le passé, d'actes abusifs à votre encontre parce que désormais vous n'allez plus les accepter.

Vous n'êtes pas seul

Vous n'êtes jamais seul. La solitude, c'est pour ceux qui ne respirent que si quelqu'un leur dit de respirer. Vous, d'un autre côté, vous respirez ou faites n'importe quoi parce que vous avez lâché la personne qui, au plus profond de vous, veut faire l'expérience de la vie. Vous pouvez vous divertir beaucoup en vous rendant en des lieux que vous n'estimiez pas être faits pour vous. Vous pouvez rencontrer des gens nouveaux à qui vous n'aviez jamais osé parler auparavant parce que vous pensiez qu'ils étaient mieux que vous, ou parce que vous craigniez que vos amis vous désavouent s'ils l'apprenaient.

Essayez de faire ce bref exercice. Remplissez les blancs en vous demandant : « Qu'est-ce que j'aimerais vraiment faire et que tout le monde pense que je ne devrais pas faire ? »

1. ....
2. ....
3. ....

Maintenant, demandez-vous qui vous aimeriez vraiment rencontrer pour dialoguer, « même si mon épouse [amis, famille] me l'interdit » :

1. ....
2. ....
3. ....

Maintenant relisez vos réponses. Vous voulez vraiment essayer ces choses. Ce ne sont pas que des mots sur une feuille de papier. Prévoyez quand vous pourrez vous rendre aux endroits ou faire ce que vous avez noté sur votre première liste. Pour la seconde liste, soyez réaliste. Sans doute ne vous sera-t-il pas possible de rencontrer une star de cinéma demain. Mais il existe plein d'autres gens qui exercent d'autres professions et que vous pouvez rencontrer très prochainement. Réfléchissez à la manière dont vous allez prendre contact.

Arrêtez de vous sentir responsable de tout

Vous n'allez pas vous reprocher de vous sentir abandonné. Souvenez-vous : vous voulez que certaines personnes disparaissent parce qu'elles vous ont exploité ou ont abusé de vous. Garder auprès de soi des profiteurs ou des exploiteurs, c'est comme demander à un criminel d'emporter tout ce qui se trouve chez vous du moment qu'il vous tienne compagnie. Ne vous torturez pas uniquement pour ne plus vous sentir coupable. Ne vous accablez plus de reproches, adressez-les à l'autre. Reconnaissez ce que la personne vous a dit ou vous a fait et, dans votre esprit, après en avoir pris note, soumettez-le à un jury mental. Inculpez la personne coupable et prononcez à son égard une peine d'exil.

Trouver à qui la faute, c'est aussi dire pourquoi on est en colère contre l'autre qui est supposé vous avoir abandonné. Pour toute situation parlez-vous toujours en termes positifs – pourquoi c'est mieux ainsi, et en quoi vous êtes meilleur pour agir de la sorte. Vous n'êtes pas abandonné, vous êtes libéré.

Recommencez à zéro

Considérez le rejet non pas comme un abandon, mais comme la porte ouverte à toutes les opportunités, comme ce qui peut se passer en cas de licenciement. Soit vous vous apitoyez sur votre sort en pensant que vous venez de perdre vos revenus et vos terribles habitudes de travail, soit vous êtes fin prêt pour prendre un nouveau départ. Soyez optimiste. Voyez d'un œil nouveau vos anciens problèmes. Personne n'a jamais dit que tout recommencer c'était refaire pareil. Il n'en est rien. Grâce à des stratégies nouvelles et à un regain d'énergie, vous pouvez créer un nouvel horizon d'espoir. Pour recommencer, il ne faut plus être cette personne que vous étiez. La motivation provient de ce que vous savez faire et non du fait que quelqu'un d'autre peut le faire à votre place.

Il est normal de se tromper

D'accord, vous aussi vous avez réagi de manière irrationnelle à certains moments. Votre comportement a nui à votre relation, tout comme l'ont fait les actes destructifs de l'autre à votre égard. Devriez-vous automatiquement vous excuser auprès de l'autre dans l'espoir d'une réconciliation ? Non, pas toujours ; non, si vous avez été l'objet d'un rejet ; non, si cela vous a ouvert les yeux sur les terribles abus et les habitudes pernicieuses de codépendance ; non, si cela vous a fait porter un regard nouveau sur vous-même. Tels sont les avantages d'un rejet. Si vous avez conscience d'un de ces avantages, ne cherchez pas la réconciliation.

Il y a des moments où il est tout à fait normal d'être rejeté et où il n'est pas grave de se tromper. Les mariages en sont un bon exemple. Les couples normaux se disputent. Les erreurs que vous commettez – vous ou votre conjoint – lors d'une dispute, peuvent susciter des sentiments de rancune. Peut-être avez-vous prononcé des mots obscènes ; votre conjoint a peut-être crié tout le temps. Personne n'est parfait.

Il n'existe pas de règles pour des disputes parfaites. Les querelles, par la tension qu'elles provoquent, tournent toujours mal parce qu'elles échauffent les émotions et font perdre le contrôle de soi. A certains moments ce sera vous qui garderez votre sang-froid, à d'autres non. Le pendule se balance de façon imprévisible et constante.

Vous pouvez vous excuser de votre conduite si votre conjoint s'excuse aussi. Ce doit être réciproque. Mais c'est tout ce dont vous avez à vous excuser. Il est normal de causer de la peine à son conjoint; il est normal de ne pas être d'accord avec ce que dit son partenaire; il est normal qu'une dispute éclate. Vous êtes simplement désolé de vous être emporté et d'avoir été grossier.

6. Relaxation élémentaire en cas de rejet

Il est difficile d'éliminer au niveau du corps le stress provoqué par un rejet. La tension soudaine que vous ressentez à la suite d'un conflit ou de critiques monte en flèche et devient vite incontrôlable. En vous, vous vous sentez en feu, brûlant d'une chaleur d'enfer de la tête aux pieds. Vous vous sentez rougir de partout et vous éprouvez même un sentiment de vertige ou de faiblesse. Tout ce que vous désirez, c'est un moment de répit pour fuir cette situation. Mais vous ne le pouvez et le stress physique ne fait qu'augmenter. Vous essayez de le combattre en hurlant, en pleurant ou en faisant la sourde oreille. Vous répétez vos efforts encore et encore. Rien ne marche. Tout semble désespéré.

La plupart des gens peuvent se détendre de maintes façons dont un grand nombre font partie de la routine : regarder la télévision, faire une sieste, lire un livre, cuisiner, manger ou faire l'amour. Toutes ces activités naturelles permettent une diminution de la tension, qui se fait automatiquement parce que le corps, tout simplement, ne peut endurer une tension musculaire constante; il existe une limite avant que vous ne vous effondriez. Vous vous sentez exténué, brisé mentalement et vidé émotionnellement. Prendre un moment de répit, c'est une question de survie physique et mentale.

Par contre, d'autres personnes parviennent difficilement à se relaxer seules. Il faut qu'elles soient mortes de fatigue avant de pouvoir capituler devant leurs limites physiques et dire : « D'accord tu as gagné ! » Sinon elles courent tel un poulet à qui on aurait coupé la tête, faisant tout et n'importe quoi pour éviter le rejet à tout prix. Elles sont toujours à la recherche d'une activité pour se distraire. Mais il y a un autre moyen de surmonter le rejet, plus direct et plus apaisant pour le corps : il s'agit de la relaxation. Cela n'a rien à voir avec l'hypnose. Il faut tout simplement s'accorder quelques instants dans la journée, à la maison ou au travail, et utiliser l'une des deux méthodes décrites ci-dessous :

Imagerie visuelle

L'imagerie visuelle veut dire précisément ceci. Imaginez un endroit calme, tranquille où vous pensez pouvoir être en mesure de vous détendre. Sur une plage, dans un lit, en vacances – n'importe quelle fantaisie qui peut durer quelques secondes et qui va vous distraire de vos pensées anxieuses et interrompre la tension musculaire. Faites-en l'essai quand vous faites la queue dans une épicerie, quand vous attendez dans la salle d'attente d'un médecin et surtout chaque fois que vous pensez à la personne qui vous a rejeté.

Utilisez correctement l'imagerie visuelle (1). NE JAMAIS évoquer de souvenirs où vous vous trouvez avec la personne qui vous a rejeté. NE JAMAIS vous imaginer plus productif, plus agréable envers les gens, ni vous faisant d'autres amis. NE JAMAIS vous imaginer détendu uniquement parce que vous êtes attentif à quelqu'un d'autre. NE JAMAIS vous imaginer détendu parce que quelqu'un satisfait vos besoins.

Relaxation musculaire

La relaxation musculaire est plus spécifique et sans doute la chose la plus apte à vous détendre rapidement. Première-

1. Voir l'ouvrage de M. Denning et O. Phillips : *La Visualisation créatrice* (Dangles ; 1995).

ment, identifiez les points douloureux du corps : visage, cou, haut des épaules, etc. Faites un bref inventaire pour localiser avec précision où le stress prend son origine.

Deuxièmement, augmentez momentanément la tension dans ces zones musculaires. Il y a plusieurs façons de le faire. Contractez davantage vos muscles. Ensuite décontractez-les rapidement. Ce relâchement rapide vous apprend à reconnaître la différence qui existe entre un muscle contracté et un muscle relâché.

Le tableau suivant vous donne une idée sur la manière de contracter et de relâcher les zones musculaires clés :

ZONE :	**CONTRACTER :**	**RELACHER :**
Front	Froncez les sourcils	Maintenant, relâchez (répétez)
Sourcils	Levez les sourcils	Maintenant, relâchez (répétez)
Yeux	Fermez fort les yeux	Maintenant, relâchez (répétez)
Bouche, dents	Poussez fortement la langue contre le palais ou serrez les dents	Maintenant, relâchez (répétez)
Pommettes	Souriez et essayez de toucher les oreilles avec les coins de la bouche	Maintenant, relâchez (répétez)
Cou	Repliez-vous sur la poitrine	Maintenant, relâchez (répétez)
Estomac	Faites un nœud à l'estomac	Maintenant, relâchez (répétez)
Epaules	Levez les épaules jusqu'à ce qu'elles touchent les oreilles	Maintenant, relâchez (répétez)
Bras	Contractez un muscle	Maintenant, relâchez (répétez)
Poignets	Pliez les paumes vers vous	Maintenant, relâchez (répétez)

ZONE :	CONTRACTER :	RELACHER :
Mains	Resserrez le poing comme si vous serriez une balle de tennis	Maintenant, relâchez (répétez)
Doigts	Etirez les doigts comme si on leur tirait dessus	Maintenant, relâchez (répétez)
Cuisses	Levez les jambes du sol et maintenez-les levées pendant 5 secondes	Maintenant, relâchez (répétez)
Jambes	Appuyez à plat les jambes au sol	Maintenant, relâchez (répétez)
Pieds	Ecartez les talons et poussez	Maintenant, relâchez (répétez)
Orteils	Etirez les orteils comme si on leur tirait dessus	Maintenant, relâchez (répétez)

Vous pouvez sentir une chaude sensation de picotement, analogue à celle que vous ressentez quand votre pied s'endort. Ne vous secouez pas pour la faire partir. Elle est supposée être là. Vous pouvez emmener partout cette sensation calmante de picotement : chez vous, à l'extérieur, au travail. Pas un endroit n'est meilleur que l'autre. Vous pouvez, pour des raisons personnelles, varier les exercices de contraction-relâchement. Par exemple, pour les épaules il ne vous est peut-être pas possible de monter vos épaules jusqu'à vos oreilles ; cela se verrait trop. Ce n'est pas que vous vous souciez de ce que les autres pensent, mais cela peut interférer avec la situation que vous essayez de mieux contrôler. A la place, étirez les épaules vers l'arrière, en plaçant les coudes derrière le dos. On peut procéder aux mêmes changements pour les jambes, les cuisses et le cou.

Cette méthode rapide de relaxation peut vous libérer de l'angoisse occasionnée par un rejet. Vous pouvez combattre la solitude, l'abandon et la culpabilité en éliminant le stress de votre corps. Le stress non évacué s'accumule et, en amplifiant votre douleur interne, vous communique une mauvaise perception comme si c'était quelque chose que vous méritiez parce c'est vous – et vous seul – qui vous êtes mis dans un tel embarras. Mais rien n'est plus éloigné de la vérité que cela. La vérité, c'est que vous êtes fier d'avoir été rejeté parce que cela vous permet d'avoir une nouvelle indépendance. Et vous êtes prêt à faire en sorte que cette indépendance dure, quoi qu'il arrive.

ETAPE N° 6

En finir avec la peur de l'échec

VOUS PASSEZ DES NUITS sans sommeil à soupeser tous les moyens possibles et imaginables qui vous permettraient « d'améliorer les choses » en modifiant tout ce que vous faites de travers, votre façon de parler de marcher, de vous habiller et même de manger. Et tout vous semble critiquable. Rien ne va comme il faudrait. Comment est-ce possible ? Vous faites toujours tout mal et tout le monde le sait.

C'est, du moins, ce que vous croyez. Il est très pénible de se sentir coupable parce qu'on pense avoir échoué dans tout ce qu'on a fait. Pas plus tôt vous apercevez une lumière au bout du tunnel, qu'il s'enfonce encore davantage dans les ténèbres. Vous êtes condamné à toujours recommencer. Vous ne possédez pas la main de Midas. Tout ce que vous touchez tourne mal. Pourquoi tant de malchance ? Est-ce congénital ? Etes-vous le produit de mauvais gènes ? Probablement pas. Il s'agit peut-être d'autre chose. Mais de quoi ?

La réponse tient en un seul mot : la PEUR. Vous avez peur de faire une bêtise. En fait, vous êtes terrifié à l'idée de commettre une faute, parce que cela pourrait mettre la meute à vos trousses. Ce serait la chasse à courre menée par la critique et le rejet. Et des conflits surviendraient – tout ça parce que vous avez commis des erreurs évitables. Les erreurs vous rendent paranoïaque. Vous êtes hypersensible au fait de paraître stupide, incompétent et imparfait. Alors, vous avez le choix : ou vous montez la garde contre toutes les erreurs qu'il vous serait possible de faire, ou vous oubliez les peurs et vous vous décontractez simplement, en courant le risque de ces conséquences épouvantables dont vous imaginez qu'elles vous menacent parce que vous n'avez pas pris garde à tout ce que vous avez fait de mal.

1. Le syndrome de l'imposteur

Il faut vous soulager de cette garde que vous montez vingt-quatre heures sur vingt-quatre contre d'éventuelles erreurs. C'est de cela que traite l'étape n° 6 : elle vous force à accepter vos fautes. Elle vous permet d'exposer vos erreurs aux yeux de tous et, finalement, de vous débarrasser de votre image d'infériorité quand le sentiment de la faute vous submerge. Commençons donc par avoir une idée du type d'erreurs dont nous parlons. Examinons ce qu'est *le syndrome de l'imposteur.* Alors, il vous sera aisé d'apprendre à en finir avec la peur d'être en faute et le désir d'être parfait.

Quelles sont ces fautes ?

– Ne pas vivre au niveau que vous dites désirer.

– Trouver des erreurs dans ce que vous dites ou faites.

– Faire des choses qui vous font vous sentir inférieur aux autres.

– Faire ou dire des choses qui vous humilient, vous énervent ou vous embarrassent.

– Reproduire des comportements que vous devriez, selon vous, avoir maintenant corrigés.

– Dire ou faire des choses dont les gens disent qu'elles sont mauvaises et méritent correction.

Vous cachez vos fautes en :

– Vous excusant.

– Vous défendant.

– Prétendant vous y connaître, alors que ce n'est pas vrai.

– Rejouant, en pensée, la scène de la faute sur votre écran intérieur. Vous ajoutez de nouveaux mots, modifiez vos actions et essayez de recréer la situation jusqu'à ce que vos erreurs aient disparu.

– Devenant autocritique. Vous vous critiquez vous-même d'être aussi bête et négligent. Vous portez atteinte à votre crédibilité, vous vous insultez et vous vous blâmez de ne pas avoir évité cette erreur.

– Blâmant les autres. Ce sont eux qui auraient dû vous empêcher de vous tromper. Vous accusez davantage votre conjoint que vos amis. Vos proches auraient dû vous prévenir d'avance que les choses tourneraient mal.

Le nombre d'erreurs commises est-il important ? Non. Est-il important de savoir qui s'est aperçu des erreurs ? Oui.

2. Flagrant délit !

Vous vous sentez honteux si l'on vous prend à faire quelque chose dont vous pensez que c'est mal. Quelqu'un – mère, père, frère ou sœur, époux, épouse ou enfant – vous a vu mal agir, et vous avez l'impression que c'est la fin du monde. « Qu'est-ce qu'ils vont penser de moi ? » Votre perception de vous-même devient importante. Vous voulez maintenir une image de vous-même forte, positive, ainsi les gens vous aimeront, vous désireront et vous demanderont de faire des choses pour eux. Porter atteinte à cette confiance signifie que vous *ne valez rien.*

La peur d'être pris en faute prend trois formes :

Le contrôle de vous-même

Premièrement, vous savez que vous détestez vous sentir honteux. Alors, tout ce que vous pouvez faire pour vous contrôler vous-même peut prévenir cette honte. Vous surveillez ce que vous dites, votre façon d'agir ou de réagir, et devenez extrêmement vigilant à ne pas troubler votre entourage. Cet autocontrôle est sans répit.

L'examen du comportement des autres

Deuxièmement, vous scrutez constamment les pensées et les actions des autres pour pouvoir imaginer stratégiquement le moment où ils se rendent compte de vos erreurs. Vous découpez la vie des gens en segments prévisibles. Vous devenez votre propre diseur de bonne aventure, anticipant ce que l'autre va dire ou faire et comment vous allez intercepter ces actions. Vous connaissez ses habitudes du dedans et du dehors. Vous êtes branché sur ses circuits et tout prêt à court-circuiter le système. Vous savez exactement ce qui fait réagir l'autre, les fautes qu'il déteste, celles qu'il tolère. Vous prévoyez le moindre de ses gestes, du début à la fin. Vous êtes prêt à toute éventualité.

L'impression d'être un imposteur

Troisièmement, vous surveillez sans cesse vos arrières. Vous savez que ce n'est qu'une question de temps avant que quelqu'un, quelque part, ne découvre la vérité sur vous. Vous sentez que le masque va tomber d'une minute à l'autre... Quelqu'un va déclarer publiquement que tout ce que vous croyez être n'est que mensonge. Tout cela va s'étaler sur la place publique. Vous êtes un truqueur, vous êtes « bidon », un imposteur. Vous avez bâti une coquille artificielle de confiance en vous qui va partir en éclats et vous serez démasqué.

Se sentir comme un imposteur signifie que vous craignez sans cesse que les autres ne découvrent que vous ne savez pas vraiment ce que vous faites et que vous allez devenir la risée du monde entier. Les ambitions que vous avez enfourchées n'échappent pas à cette crainte. Prenez Sophie, par exemple. Elle a entrepris un travail de couturière. Elle fait des vêtements pour les gens, de meilleure qualité et à des prix plus avantageux que la concurrence. Sa production est fantastique. Ses clients adorent son travail, mais Sophie pense qu'ils veulent juste se montrer polis. Elle croit son travail inférieur ; elle se sent comme un imposteur et pense que ses concurrents vont, un jour, l'attaquer.

Son succès grandissant ne l'a pas fait changer d'avis, elle ne l'a jamais attribué à la qualité de son travail. Elle se sent trop honteuse pour ça. Il lui semble plus normal de penser que les autres appartiennent bien à cette industrie, mais pas elle.

La peur d'être démasqué a pour origine les critiques et les moqueries subies dans l'enfance. Vous avez entendu dire des choses négatives sur vous et vos efforts, qu'importe ce que vous avez fait, ni le nombre de fois. Cela arrivait si souvent que c'était un lieu commun ; cela semblait vrai. Et vous en croyiez chaque mot. Et pourquoi pas ? Vos parents vous le disaient. Et vous croyiez vos parents. Aujourd'hui, devenu adulte, personne ne vous critique comme ça. Vos parents ne vous rabaissent pas constamment, non plus. Mais rien n'y fait. Vous vous rabaissez vous-même. Vous vous fournissez vous-même en critique. Vous vous dites des choses dures, impardonnables et dégradantes. C'est un cercle vicieux. La colère vous prend et vous êtes sur la défensive. Vous pleurez, vous déprimez, exactement comme vous le faisiez, enfant, lorsqu'on vous réprimandait. Bien que vous ayez grandi, l'habitude de haïr les fautes et de vous les faire payer émotionnellement est demeurée.

Allons, débarrassez-vous de cette peur de commettre des erreurs. Dites-vous, *d'abord,* que le perfectionnisme ne marche pas ; personne n'est parfait. *Ensuite,* osez de nouvelles situations où vous exposerez vos actes et vos paroles. *Puis,* acceptez et sollicitez même les compliments et attirez l'attention sur vous. *Enfin,* renversez cette sensation d'imposture.

3. Le perfectionnisme ne marche pas

S'efforcer d'être parfait ne mène à rien. On ne travaille jamais si dur pour obtenir une récompense. Vous le faites pour éviter de vous sentir honteux, critiqué et rejeté. Passer trois heures à vous coiffer et à vous donner l'air « comme il faut » c'est de *l'évitement.* Ce n'est pas de la vanité. Vous voulez simplement éviter que quelqu'un ne vous critique. Passer trois heures, le soir, à jouer au tennis, pour améliorer votre volée, c'est de *l'évitement.* Ce n'est pas de l'amour du tennis, c'est la peur de paraître idiot sur le court. Ces réactions de crainte vous mobilisent de toutes sortes de façons : obsessions, compulsions et propension inutile à refaire les choses pour qu'elles soient bien.

Vous avez créé votre échelle de valeurs sur la base de cette voix parentale dans votre tête ou sur ce que les autres vous ont dit. Votre sens du bien provient de ce que les autres ont décrété. Cela vous amène à travailler toujours plus dur pour parvenir à ce niveau, quel qu'en soit le prix émotionnel. Mais, ironie du sort, les efforts extrêmes se retournent toujours. Les résultats de vos efforts n'atteindront jamais votre niveau idéal.

Plus vous essayez de perfectionner quelque chose, plus vous faites d'erreurs

Cela ne manque jamais d'arriver. Plus vous passez de temps et d'énergie à perfectionner quelque chose, plus vous faites de *nouvelles* erreurs. Vous revoyez tout de A à Z, et vous pensez y être parvenu. Mais vous n'avez fait qu'empirer les choses. Par exemple, pourquoi passez-vous des heures à bricoler un moteur de voiture auquel vous ne connaissez rien ? Pourquoi persistez-vous ? Parce que vous ne pouvez admettre la défaite, l'échec est dur à avaler. Alors, vous vous acharnez avec rage, pestant et criant jusqu'à y parvenir. Mais plus vous vous activez, plus le problème s'aggrave. Vous cassez un outil, vous vous écrasez un doigt... et la voiture ne démarre toujours pas !

Plus d'efforts égalent exigence accrue

Le temps passé et l'énergie vous donnent l'illusion que cela fait une différence. Mais non. Vous avez, par erreur, passé tant de temps à réparer ce moteur que vous allez penser, maintenant, qu'il faut toujours passer beaucoup de temps à faire les choses pour qu'elles soient correctement réalisées. Et passer des heures sur les projets des autres est tout aussi néfaste. Vous n'êtes pas à la minute. S'il vous faut dix heures pour nettoyer la maison, ils s'attendront à ce que vous mettiez dix heures la fois suivante, ou même onze ou douze.

Vous vous dites : « Eh ! si j'y passe trois heures et que c'est bien fait, le double de temps fera encore mieux. » Faux : doublez le temps et vous serez encore plus énervé, plus fatigué et plus déprimé.

Un effort démesuré signale l'évitement d'autres problèmes

Vous travaillez avec diligence afin d'éviter de faire autre chose que vous ne désirez pas faire. Les devoirs du soir en sont un bon exemple. Le collège c'est amusant, mais seulement le vendredi soir. Faire ses devoirs et étudier pour les examens, c'est affreux. Alors, vous pouvez toujours tuer cinq ou six heures en nettoyant votre logement, en récurant tous les coins et recoins, juste pour retarder le moment de vous y mettre. L'ironie veut qu'une fois que vous avez commencé vos devoirs, il vous faut bien encore de cinq à dix heures pour qu'ils soient parfaits.

Il vaut mieux :

Laisser des erreurs se produire

Commencez votre journée en vous disant que « ce qui doit arriver arrivera », ou que « ce n'est pas grave si les choses vont de travers. » De la cuisson ratée d'un gâteau au renoncement à réparer ce moteur, qui s'en soucie ? Pas vous. Laissez faire.

– Ne vous énervez pas.
– Ne corrigez pas (pas tout de suite).
– Ne jetez pas le blâme sur les autres.
– Ne le camouflez pas.

Prenez simplement de la distance par rapport à votre erreur. Riez-en, puis :

– Parlez-en à quelqu'un.
– Limitez le temps que vous allez passer à la corriger (quinze minutes au maximum).
– Demandez à quelqu'un de vous aider pour ce faire.

Lorsque vous voyez poindre la faute, ne vous arrêtez pas !

Certaines erreurs se produisent, tout simplement. Vous ne pouvez rien pour les éviter et vous ne les verrez jamais venir. C'est là qu'il faut dire : « Ce n'est pas grave. » Mais, parfois, vous pouvez voir arriver l'erreur ; alors, au lieu d'essayer de la prévenir, laissez-la se produire. Dites-vous que c'est bien ainsi. Quand vous voyez la faute poindre...

– Arrêtez ce que vous êtes en train de faire et laissez l'erreur se produire.
– Riez-en.
– Parlez-en à quelqu'un autour de vous.
– Donnez-vous un temps limite pour la réparer.

Vous ne pouvez pas laisser toutes les fautes se produire, bien sûr. Si votre voiture glisse sur le verglas et risque de heurter un autre véhicule, vous voulez éviter le problème. Vous n'avez pas envie de transformer une expérience d'apprentissage en accident mortel. Cependant, peu d'erreurs aussi monumentales se produisent dans votre vie. Peut-être qu'elles le paraissent, mais elles sont, en fait, mineures.

Abaissez la norme

Vous ne valez que ce que vous pensez valoir. Mais qu'en est-il si vous placez très haut votre norme pour être bien ? Alors, vous ne vous trouverez jamais assez bien, vous ne serez jamais à la hauteur. Votre façon d'élever vos enfants : pas à la hauteur ! La façon dont vous accomplissez votre travail : pas à la hauteur ! Votre façon de vous conduire en amour : pas à la hauteur ! Rien de ce que vous faites n'est conforme à vos critères, parce que votre norme n'existe pas. Elle n'a jamais existé et n'existera jamais. Vous seul pensez qu'elle existe.

Les normes, tout comme les critiques, proviennent d'un sentiment d'inadéquation éprouvé dans l'enfance. On vous demandait de faire mieux. Alors, vous avez essayé. Mais ce n'était pas encore assez bien. Vous avez essayé encore. Et vous ne réussissiez jamais l'examen. Vous avez essayé encore et encore. Votre mère vous disait : « Bien, ça y est ! » Mais vous saviez que ça n'allait pas. Rien n'allait.

Rien n'était jamais fait comme il faut ; il n'y a jamais eu de bonne façon de faire ; il n'y avait que la façon dont vos parents désiraient que ce soit fait. Et cette norme se situe quelque part entre : « Fais comme moi » et : « Je ne sais pas, mais je sais que tu ne fais pas comme il faut. » Ce standard n'existait que dans la tête de vos parents. Rarement – ou jamais – il ne vous a été proposé comme modèle à imiter. C'était une norme abstraite, très obscure. Personne n'a jamais pu la saisir. C'est pourquoi vous n'avez jamais atteint ce niveau dans votre enfance, comment l'auriez-vous pu ? Ce n'était qu'une fiction, produit de l'imagination de vos parents.

Et aujourd'hui, c'est un produit de votre propre imagination. Jusqu'à ce que vous l'ayez démantelé. Remplacez cette norme imprécise et obscure en en créant une nouvelle. Voici comment faire :

1. Faites quelque chose d'habituel, par exemple cuire une pomme de terre au four.
2. Ne changez rien à votre façon de faire. Faites-le, simplement.
3. Si vous ne savez pas à quel moment ce sera terminé, fixez-vous une limite pour cette tâche. Fixez-la en fonction du temps ou de la quantité. Par exemple, pour une pomme de terre, mettez-la au four pour un certain nombre de minutes.
4. Faites l'inspection à la fin du temps choisi. Tâtez la pomme de terre. Avez-vous accompli ce dont vous aviez besoin ou que vous désiriez dans cette situation ? Par exemple, goûtez-la. Est-elle cuite ? Si oui, la somme de temps et d'efforts mis pour la préparer est devenue la nouvelle norme de cuisson des pommes de terre. Rien à améliorer. Si elle est crue ou mal cuite, remettez-la au four et ajoutez la moitié du temps en plus. Goûtez à nouveau.

Quand ce que vous avez fait satisfait vos besoins essentiels du moment, alors vous avez créé une nouvelle norme. Ne corrigez pas mentalement le processus, ne commencez pas à vous critiquer parce que la pomme de terre est un peu écrasée, acceptez-la comme elle est.

Laissez les autres faire des erreurs

La victoire sur les fautes, c'est accepter ses échecs. Vous pouvez vous redresser de toute votre taille et dire : « Bien, ce n'est pas grave si je me suis mis trop de shampooing sur les cheveux, ou si j'ai inondé les plantes. Ça arrive ! » Vous avez confiance en vous, vous pouvez parler de vos erreurs dans un dialogue normal : pas d'excuses, pas de remarques défensives, pas d'accusations. Vous pensez en avoir fini avec le syndrome de l'imposteur.

C'est alors que ça arrive. Vous remarquez, comme cela vous agace, quand les autres font des erreurs. En fait, vous ne supportez pas de les voir aussi stupides. Leurs erreurs sont tellement évitables que n'importe qui ayant toute sa tête pourrait faire mieux. Pas vraiment. Il fut un temps où vous ne faisiez pas mieux. Aujourd'hui vous savez. Aujourd'hui vous savez faire mieux que de vous terroriser vous-même. Alors, étendez donc cette courtoisie aux autres personnes !

Il est facile de projeter ses fautes sur autrui. Cela se produit le plus souvent lorsqu'on arrête de se sous-estimer soi-même. Vous vous soulagez en trouvant un autre bouc émissaire. Vous *recherchez* presque les fautes des autres pour vous sentir au-dessus d'eux. Comme ça vous êtes le meilleur. Mais vous ne faites que gagner du temps. Le jour où personne n'est là, quand les boucs émissaires sont absents, la recherche de la faute va se retourner contre vous. Vous redeviendrez, une fois encore, votre propre bouc émissaire.

Mais pas si vous agissez dès maintenant. Conformez-vous à ce qui suit lorsque vous repérez une faute chez quelqu'un d'autre :

1. Ignorez-la.
2. Si c'est impossible, pointez-la en termes objectifs. Décrivez simplement ce que vous avez vu ou entendu, pas la raison que vous supposez. Imaginons que votre amie laisse tomber sa serviette de table par terre. Dites : « Eh ! Carole, ta

serviette est tombée par terre». Ne dites pas : «Eh! maladroite, tu n'es donc pas capable de tenir une serviette ?»

3. Ne proposez pas de réparer l'erreur. Laissez l'autre se débrouiller sans vous.

4. Si la personne se met à rire ou hausse les épaules, faites de même.

Ne tenez pas compte de votre énervement intérieur; ni la gravité de l'erreur, ni son niveau d'ineptie n'ont d'importance; que vous pensiez que cette personne est vraiment stupide n'a pas d'importance, laissez faire. On ne vous demande pas votre opinion sur la faute commise; alors ne la donnez pas. Si vous le faites, c'est juste pour mettre l'autre mal à l'aise afin de vous sentir vous-même à l'aise, car on ne peut vous imputer cette erreur.

Soyez fier de votre erreur

Il y a beaucoup de choses dans la vie dont on peut être fier mais, en général, vous n'arrivez pas à en trouver une seule. La fierté semble réservée pour les «grandes enjambées de la vie que seuls font les grands hommes [ou femmes]» (Abraham Lincoln). Vous mettez hors de portée la fierté sur l'étagère avec d'autres trophées tels que la perfection, l'intelligence et le bonheur. Le problème, c'est que la fierté devient aussi abstraite que le reste de vos critères.

Vous pouvez y remédier en redéfinissant ce que vous appelez fierté. Un moment de fierté, c'est n'importe quel instant d'expérience personnelle que vous avez vécu sans culpabilité. La fierté consiste à accepter les épreuves et les erreurs dues aux risques quotidiens, et à sentir qu'on progresse en essayant des choses très nouvelles et très audacieuses. La fierté, c'est :

1. Faire une erreur et la nommer telle sans vous injurier vous-même.
2. Accepter le résultat de tout ce que vous entreprenez afin d'apprendre quelque chose de nouveau.
3. Rire de vos déceptions, grandes ou petites.
4. Aimer une personne malgré les fautes qu'elle commet.

5. Prendre de nouveaux risques, sachant, par avance, que vous êtes certain de trébucher plusieurs fois.

4. Accepter sa vulnérabilité dans les situations risquées

Il est temps de montrer votre vrai visage. Dévoilez le vrai vous qui se cache sous ce masque d'imposture. Ecartez ce bouclier qui vous protège de la honte. Vous le pouvez. Vous êtes déjà capable d'accepter vos erreurs. Dorénavant, il s'agit de signifier aux autres votre aptitude à accepter les erreurs.

Dire des choses gênantes

Acceptez de vous trouver dans l'embarras. Entamez la conversation à propos d'un mot ou d'une action qui vous ont fait vous sentir stupide. « Vous ne croiriez pas ce que j'ai fait. J'ai arrosé une plante artificielle ! » Après avoir raconté l'histoire, laissez les autres réagir de façon naturelle, sans essayer d'amortir leurs remarques.

Ne pas :

1. Vous critiquer vous-même après avoir admis avoir agi de travers.
2. Chercher des justifications.
3. Percevoir leurs rires ou leurs railleries comme un rejet.
4. Mettre en faute ceux qui rient ou se moquent de vous.

Ne pas raconter des choses négatives

Vous rabaisser vous-même vous est facile. C'est peut-être votre passe-temps favori. A présent, vous allez vous rabaisser d'une manière constructive et saine, manière que beaucoup de gens utilisent à un moment ou à un autre. Commencez une conversation sur quelque chose que vous avez mal fait. Pas besoin que ce soit humiliant ; il s'agit d'une simple erreur. Décrivez-la brièvement, sans longs développements destinés à aider votre interlocuteur à comprendre pourquoi vous l'avez fait. *La raison* qui vous pousse à agir ainsi ne présente aucun intérêt. Ce qui est important, c'est le risque que vous prenez en le racontant.

Après votre récit, faites l'une de ces réflexions :

– Dites : « Eh ! bien, *cela* peut arriver à tout le monde ! »

– Ecoutez la réaction des autres.

– Résistez à l'envie de vous justifier ou de clarifier les détails pour qu'ils puissent véritablement assimiler l'ampleur de la situation. Quoi qu'ils comprennent, c'est très bien.

– Laissez tomber le sujet.

Vous êtes tenté de rappeler les gens une fois qu'ils sont partis. Vous ressentez un besoin impérieux de vous assurer qu'ils vous aiment toujours, ou qu'ils pensent que vous êtes compétent. Quémander la réassurance en questionnant : « Vous ne croyez pas vraiment que je sois cinglé, n'est-ce pas ? », invite les gens à accorder plus de poids à ce que vous avez dit qu'ils ne l'auraient fait avant votre question. Résistez à cette compulsion. Ne les forcez pas à vous dire que vous êtes bien, après avoir vidé vos tripes. Se délester d'une information personnelle implique ce risque ; vous devez subir une désintoxication émotionnelle de votre anxiété, de vos soucis et de vos chagrins sans être soulagé de ces symptômes si vous voulez que vos efforts du lendemain soient plus légers.

Portez-vous volontaire pour des choses que vous ne savez pas faire

Affrontez des situations génératrices d'échec en acceptant de faire des choses pour lesquelles vous n'avez aucune compétence. Si vous ne connaissez rien aux automobiles, acceptez d'aider votre ami à régler le moteur de sa voiture ou à changer l'antigel. Manquez-vous d'expérience dans les réservations pour dîner ? Prenez l'initiative de faire cette réservation. Vous allez bégayer, paraître totalement confus et serez probablement effrayé. Vous allez peut-être vous « planter » totalement. Mais forcez-vous à répéter cet effort jusqu'à ce que vous y arriviez. Pour un seul succès, des milliers d'erreurs doivent parfois être commises.

C'est normal. Laissez venir. Vous vous sentirez humilié et en colère parce que vous êtes poussé hors de votre zone de confort ; votre enveloppe protectrice se déchire. Vous êtes au fond de la tranchée, vulnérable. Restez dans cette tranchée assez longtemps pour affronter ces nouveaux défis, peu importe l'issue. Le résultat final est moins important que le combat contre ce besoin urgent d'échapper au processus. Gagnez ce combat en tenant bon. Continuez à explorer les différents chemins de réalisation de la tâche à affronter, testez d'anciennes et de nouvelles aptitudes. Vous ne perdrez pas; vous finirez simplement la course en retard. Et cela vaut bien mieux que de laisser tomber en chemin parce que vous avez froid aux pieds.

Soyez dirigé ou dirigeant, selon ce qui vous angoisse le plus

Votre tendance est de faire les deux. Certaines personnes, craignant l'échec, prennent en mains le *bâton de commandement*. Le contrôle empêche les autres de voir votre réelle personnalité. D'autres encore, préfèrent adopter un profil bas, empêchant la révélation de leurs erreurs en en faisant le moins possible ou en suivant le chef. Si l'une de ces attitudes vous est plus confortable, choisissez l'autre.

Si vous êtes habituellement un leader, essayez d'être un suiveur dans le projet du groupe, c'est-à-dire pas d'implication personnelle. Restez en dehors jusqu'à ce que – ou à moins que – le chef ne vous demande de faire quelque chose. Oubliez que ses directives sont *erronées*, voire *stupides*. Oubliez que vous feriez sans doute mieux que lui. Oubliez qu'en faisant ce qu'il vous commande les choses risquent de mal tourner ou que des efforts devront être entrepris pour remédier aux dommages causés par des idioties.

Si vous êtes un subordonné typique, levez la main et portez-vous volontaire pour un rôle dirigeant. Cela implique de prendre la responsabilité d'un travail important englobant d'autres personnes auxquelles vous devrez assigner des tâches, faire des remontrances, proposer un planning et causer des soucis. Au début, demandez qu'on vous aide, mais pas tout le temps. Essayez par vous-même. S'il le faut, faites de la situation un mini-désastre. Mais faites-le vous-même.

Si d'ordinaire vous ne vous impliquez que très rarement – ou même jamais – dans quelque groupe que ce soit, le temps est maintenant venu de rechercher l'appartenance à une organisation. Des groupes de toutes sortes – loisir, éducation, religion – offrent des occasions d'échanges d'idées. Rejoignez au moins un groupe où vous devrez contribuer aux prises de décisions.

Quand vous aurez trouvé votre niche, mêlez-vous au groupe en participant à des fonctions sociales ou d'organisation. Mais, n'essayez **jamais** de vous assurer l'approbation de ces nouveaux groupes en :

– leur racontant votre vie ;

– les enrôlant pour vous soutenir dans vos déboires afin qu'ils comprennent pourquoi vous faites des « stupidités » ;

– devenant la mascotte du groupe et en prenant les ordres de tout le monde, afin qu'on vous aime.

Cherchez conseil

La prise de risque inclut l'éventualité d'appeler un thérapeute à la rescousse. C'est un grand pas en avant pour un objectif fantastique, mais il implique habituellement un grand sacrifice personnel. Vous allez sacrifier votre intimité, vos secrets les plus jalousement gardés et enfermés pour que personne ne connaisse vos points faibles. Maintenant, vous pouvez relâcher la garde ; mais ce n'est pas ouvrir la boîte de Pandore. Rien de mauvais ne se passera. Les secrets que vous laisserez passer sont comme des microbes quittant un corps infecté : vous recouvrerez la santé en éliminant ces germes et en apprenant à les garder à distance. Vous vous immuniserez. Et la thérapie est votre vaccin personnel. Vous empêchez les secrets de vous encombrer l'esprit et de créer un déséquilibre émotionnel.

5. Acceptez et sollicitez les compliments

L'obstacle le plus difficile à vaincre ensuite, est la haine de votre apparence. Vous détestez vous regarder dans le miroir, vous détestez entendre votre voix sur le magnétophone et vous détestez ceux qui vous prennent en photo. « Est-ce qu'on ne peut pas me laisser tranquille ? »

Non, on ne peut pas. On ne veut pas car vous êtes trop beau (ou trop belle) pour qu'on vous ignore. « Oh ! quelle bande de... »

Vous éteignez les compliments comme vous éteignez la lumière. Toute la force qui est en vous s'évanouit instantanément, il ne reste plus trace d'énergie. Tout est noir, sans ressenti. Intérieurement vous êtes vide. Tout ça parce qu'en grandissant on ne vous a jamais fait de compliments ou qu'il y avait un prix à payer pour en recevoir. Cela vous a appris à vous méfier de toutes les choses agréables qu'on pourrait dire sur vous. Mais, maintenant, cela va pouvoir changer.

Evaluez la situation

Calculez le moment où vous pourrez lancer une phrase ou deux sur vous-même. Pour l'instant, ne vous occupez pas de ce que vous allez dire. Evaluez la situation en écoutant la conversation des autres. Les respirations naturelles entre les échanges sont les moments rêvés pour s'immiscer. Il en est de même au moment où l'orateur change de sujet.

Changez de registre

Pour changer le registre d'un dialogue, écoutez ce que l'autre dit et glissez quelque chose sur vous-même dans la conversation. Cela peut être à l'opposé de ce que le locuteur exprime ou un élément nouveau. Mais votre apport doit être positif en ce qui vous concerne. Par exemple :

Locuteur : « Est-ce que vous voyez comme il pleut dehors ? Je déteste ça ! »

Vous : « Je trouve qu'il est agréable de regarder la pluie tomber. Ce temps humide ne me dérange pas du tout. »

En fait, vous attirez brièvement l'attention sur vous en faisant état d'un de vos traits positifs. Votre réponse est brève et jamais défensive. Il ne s'agit que d'une déclaration dont le but est de faire votre propre promotion.

Retournez le dialogue

C'est là que vous détournez l'attention de votre interlocuteur sur vous-même en animant la conversation. L'orateur devient auditeur. Interrompez celui qui parle au moment où il reprend son souffle. C'est votre clé d'accès. Entamez un nouveau sujet en utilisant une transition polie du genre : « Peut-être, mais saviez-vous que... ? » Entrez ensuite dans le vif de votre sujet de cette façon :

Orateur : « Je n'arrive pas à croire que le patron a fait une telle histoire pour l'erreur qu'elle a commise... »

Vous : « Ouais, il est parfois dur, mais avez-vous vu les nouveaux ordinateurs qu'il a achetés ? »

Décrivez des traits personnels

Décrivez votre aspect physique et votre personnalité dans le cours naturel de la conversation ou en entamant une nouvelle discussion. Dites à vos auditeurs quelque chose de *positif vous concernant*. Les attributs positifs doivent être visibles à cet instant et vous pourrez ainsi induire des compliments. Dites quelque chose comme : « Eh ! les gars, avez-vous remarqué mon nouveau porte-documents ? Il me plaît beaucoup. »

« Mais, attendez une minute ! Cela ressemble à de la vantardise. Je ne peux pas faire ça ! » Si, vous le pouvez. Vous ne vous vantez pas, vous décrivez quelque chose qui vous plaît en vous et qui concorde avec la situation. Vous êtes fier de quelque chose et vous partagez votre fierté avec les autres. Les vantards ne font jamais partager leur fierté. Ils énoncent simplement ce pour quoi ils sont meilleurs que les autres. Vous ne dites pas que vous êtes meilleur ; vous dites que vous possédez quelque chose qui vous plaît. Et vous avez le droit d'aimer des choses et de faire connaître vos goûts aux autres.

Sollicitez des compliments personnels

C'est une chose de dire quelque chose à quelqu'un, c'en est une autre de lui demander son opinion sur la question. C'est de cela qu'il s'agit ici. Faites un effort remarqué pour être interrogé, portez ou montrez quelque chose de caractéristique et de personnel. Il peut s'agir d'un costume qui vous plaît vraiment. Pour certains il s'agira de leurs idées politiques. Vous débutez l'exercice en disant : « Que pensez-vous de… ? »

Les bonnes réponses sont ponctuées d'un merci. Les réponses défavorables reçoivent le même merci. Vous ne faites pas un sondage sur votre personnalité ou quelques-uns de vos traits. Tout ce que vous voulez, c'est faire l'expérience de vous mettre en avant pour avoir une estimation de vous-même et d'en observer le résultat. Qu'il soit bon ou mauvais n'est pas la question. Vous voulez juste entendre une réponse franche.

Acceptez les compliments sans les discréditer

Ce n'est pas une plaisanterie. Dire merci et en rester là est difficile. Submergé par la honte, vous vous sentez instantanément contraint de vous excuser d'avoir l'air en forme, de sentir bon, de porter de jolis vêtements ou de bien agir. Rien ne vous semble jamais assez bien pour mériter la louange. Accepter les compliments, c'est comme si vous disiez que vous êtes meilleur qu'un autre, et il (ou elle) le saura en vous voyant gober tous les compliments. Mieux vaut rester humble, pas vrai ?

Faux. Combattre la culpabilité avec acharnement implique un moratoire sur l'humilité. On ne peut pas se permettre de revêtir de vieux habits si on veut vraiment battre la culpabilité en brèche. On la combat en s'essayant à de nouvelles et étranges conduites qu'on envie chez les autres, mais qu'on n'ose pas reprendre à son compte. Maintenant, vous êtes capable d'en faire l'expérience vous-même. Allez-y pas à pas. Commençons par un compliment général :

L'autre : « Ma parole, tu es superbe dans ce costume ! »
Vous : « Merci. » Ne dites pas :
– « Bof, c'est juste un vieux costume ! »
– « Oh ! tu es gentil, mais ce n'est vraiment rien. »
– « Oh ! merci, mais le tien est bien mieux que le mien. »
– « Peut-être, mais tu sais, c'est la seule chose qui m'aille ! »

Un simple merci fera l'affaire. Bien sûr, le thermomètre monte si le compliment devient plus personnel. Des remarques particulières touchant votre aspect physique ou votre intelligence pénètrent au plus profond et peuvent aller pincer d'émotion une terminaison nerveuse. Mais ne battez pas en retraite. Plus vous êtes mal à l'aise, plus il est primordial d'être courageux et de rester sur la bonne voie avec un merci. Par exemple :

L'autre : « Je ne peux pas croire comme tu es perspicace. Tu l'avais déjà bien accroché avant que l'accord ne soit conclu. Ma parole, tu as un tempérament de négociateur ! »

Vous : « Merci. »

Ne craignez pas d'en rajouter

Vous avez passé le plus dur en disant simplement merci. Maintenant vous pouvez aller plus loin. Cette fois, après avoir dit merci, faites quelques remarques qui visent à embellir encore ce que la personne a apprécié en vous. Vous vous donnez des qualités allant dans le sens de votre interlocuteur. Souvenez-vous, il ne s'agit pas de vantardise puisque cette personne a *déjà* reconnu cette force en vous et désire en savoir plus. Vous ne faites que préciser davantage la situation pour que l'autre en ait une image plus complète. Voici comment faire :

L'autre : « Mon Dieu, comment pouvez-vous rester si mince ? »

Vous : « Merci de l'avoir remarqué. Je vais deux fois par semaine dans un club local et je surveille mon régime. »

Des flatteries plus intimes vous mettront davantage en difficulté parce que vous ne croirez pas ce que l'autre vous dit. A-t-il une idée derrière la tête ? Possible. Mais pour l'instant vous ne jouez pas au psychologue. Ne faites pas le psychanalyste. N'essayez pas de déchiffrer les mots, les phrases ni le langage du corps et ne vous dites pas que vous devriez interroger cette personne avant d'accepter ses compliments. Acceptez d'emblée ces compliments, vous pourrez poser des questions après, pour éclaircir vos doutes.

Aimez votre apparence physique

Pourquoi détestez-vous votre image ? Saviez-vous que la plupart des gens élevés dans des familles perturbées pensent qu'ils sont laids ? Ni les hommes, ni les femmes ne supportent de se voir dans le miroir. C'est comme regarder le diable dans les yeux. Pourquoi ?

C'est peut-être qu'enfant :

– On ne vous a jamais complimenté sur votre apparence, mais seulement pour ce que vous faisiez ou ne faisiez pas.

– Ou vous n'avez jamais reçu de compliments sur votre physique parce que, selon vos parents, cela « vous monterait à la tête » et que vous développeriez un ego trop important.

– Ou vous avez fait l'objet de taquineries sexuelles, de maltraitance ou d'abus et qu'on vous a obligé à garder le silence sous peine d'avoir à affronter la honte des conséquences.

– Ou vos amis vous ont battu froid à cause de votre beauté. A l'adolescence, ils vous pensaient « prétentieux ». A l'âge adulte, ils ont eu peur de vous.

– Ou tout ce que vos partenaires intimes voulaient de vous, c'était des rapports sexuels. Personne n'a jamais pris la peine de vous connaître. Vous haïssiez leur désir et vous vous en vouliez d'en être la cause.

– Ou vous étiez gêné, honteux ou humilié par la façon dont on vous arrosait de compliments fallacieux, de propositions sexuelles et de promesses creuses.

– Ou encore vous enviiez les personnes moins attirantes que vous et qui n'avaient pas ce genre de problèmes.

Les personnes très attirantes souffrent du *syndrome de l'imposteur* parce qu'elles n'imaginent pas qu'on puisse louer de façon normale et saine leurs attributs physiques. Ainsi, quand quelqu'un vous dit : « Vous devriez être mannequin », votre premier réflexe est de penser : « Comme ça vous pourriez vous rincer l'œil ? » Votre réflexe suivant – cela dépend de vos expériences enfantines – est soit de l'aveugler de coups de poings, soit de courir à la maison prendre une longue douche pour laver cette sensation de saleté suscitée par son attirance.

Mais, attendez une minute. Ce n'est pas parce que les autres ont des problèmes avec votre belle apparence que vous devez en avoir aussi. A eux de se débrouiller. Ils vous envient. Vous n'êtes pas ordinaire. Acceptez ce don spécial plutôt que de tenter énergiquement de le détruire. Vous possédez, par nature, ce que tant de gens essaient d'obtenir en passant des heures devant leur miroir. Certains ont même recours à la chirurgie dans l'espoir d'une belle image. La vôtre est déjà là, et depuis longtemps. Elle fait partie de vous. Vous ne pouvez pas vous en débarrasser, et vous ne le voulez pas.

Pour vous exercer à accepter l'idée que c'est bien d'être attirant, regardez-vous dans le miroir tous les matins et faites un bref éloge de quatre de vos attributs physiques. Prenez quatre nouveaux traits tous les jours. N'insultez aucune partie de votre corps au cours de cet exercice.

Pour utiliser l'*approche de sollicitation* que nous avons exposée plus haut, interrogez l'un de vos proches sur une particularité physique que vous avez notée dans votre miroir. Posez la question en termes positifs, par exemple : « Tu ne trouves pas que j'ai une belle moustache ? » N'oubliez pas de remercier cette personne de partager votre opinion. Puis embellissez les remarques positives de cette personne.

Adoptez un maquillage ou un style de coiffure qui viennent compléter ce que vous avez de bien. Ne cachez jamais votre beauté. Il est facile de cacher votre jolie figure ou votre belle apparence en ne portant pas de maquillage, en négligeant vos cheveux ou vos ongles, en conservant votre odeur corporelle. « Ah ! cela tiendra les gens à distance ! ». Faux. Cela va jouer contre vous et vous tenir éloigné des autres. Et cela vous éloignera des gens dont vous aimeriez être proche. Changez donc de plan en allant chez l'esthéticienne, en modifiant votre coiffure et en vous souciant de votre hygiène.

La même chose vaut pour les vêtements. Choisissez des vêtements qui conviennent à votre silhouette. Il est certain que des couleurs vives attirent l'attention et que des coupes amincissantes peuvent entraîner des flatteries non désirées de la part de l'assistance. Et alors ? C'est bien ce que vous voulez.

« Non, dites-vous, Non ! C'est ça qu'on m'a fait quand j'étais jeune et je l'ai haï et je me suis haï pour avoir permis que cela arrive ! » D'accord, calmez-vous. C'était alors... Aujourd'hui, c'est maintenant. Il y a des années, ceux qui se sont moqués ont mésusé ou abusé de vous, ont gâté une belle chose. Ils vous ont rendu honteux de compliments sur votre apparence. Mais les compliments sont chose normale. Pensez-y comme à une pizza. Si, adolescent, vous avez éprouvé des difficultés pour manger de la pizza, peut-être aujourd'hui détestez-vous les pizzas et pensez-vous que tous ceux qui en mangent ou en parlent sont des nuls. Bien. Mais la plupart des adultes aiment la pizza. Ils en parlent, vont dans des pizzerias et pizza est un mot familier partout. Il est normal d'aimer la pizza.

C'est vous qui avez un problème, pas les amateurs de pizza. Vous devez renverser ce mur de haine construit par votre dégoût de la pizza pour profiter de tout un aspect de la vie que vous vous êtes refusé à cause de vos craintes d'enfant. Et c'est ça que la pizza a en commun avec votre apparence. Vous ne pouvez pas avoir éternellement peur de votre aspect extérieur. Tout ce qui est arrivé est du passé ; laissez-le s'enfuir. Ouvrez la fenêtre pour respirer la fraîcheur de l'air. L'air frais est là, il ne manque que vous pour le respirer. Cela fait, vous vous apercevrez qu'il est possible d'être fier d'être attirant. Vous serez triste et en colère : triste d'avoir attendu si longtemps pour vous réapproprier quelque chose qu'on vous avait dérobé il y a des années, et en colère car vous aurez le désir de défendre votre droit à la séduction et d'empêcher qu'on vous le vole à nouveau.

6. Renversez la situation d'imposture

Vous devez toujours tenter de surmonter les obstacles, malgré le destin. Et l'imposteur, à l'intérieur de vous, doit combattre la destinée pour que vous vous sentiez authentique. C'est pourquoi vous devez renverser cette situation d'imposture. Renverser, ça sonne bien compliqué. Mais ça ne l'est pas. Quand ce sentiment d'imposture vous submerge dans une situation donnée, prenez simplement les mesures suivantes :

Restez dans la situation

N'allez nulle part. Aucun évitement, aucune fuite ne sont autorisés. Restez assis, debout, ou là où vous vous tenez au moment où cette impression d'imposture vous frappe. Poursuivez la conversation. Respirez normalement en parlant.

Posez des questions concernant les autres

Rester sans bouger est très difficile. Vous devez maintenant mettre le moteur en route. Injectez de l'énergie dans la situation. Posez des questions sur des sujets dont vous n'êtes pas sûr, émettez des opinions dont vous savez qu'elles prêtent le flanc à l'attaque. Soyez plein de votre discours, cela vous fera oublier de contrôler le moindre de vos gestes. Vous avez l'impression de vous voir sur un circuit interne de télévision. Vous pouvez échapper à ce sentiment en participant avec enthousiasme à la conversation. Immergez-vous dans le dialogue, le rire ou le débat.

NE VOUS CONTENTEZ PAS de rester assis à écouter. Ecouter peut paraître poli et vous garantit que les autres vous approuveront, mais cela vous laisse aussi tout loisir de passer en revue le moindre de vos gestes. Oubliez ça. Soyez acteur, pas membre de l'équipe de tournage.

Ajustez votre langage du corps

Entrez physiquement dans la situation. Réduisez la distance physique entre vous et l'autre personne. Marchez vers elle. Donnez-lui une poignée de main. Asseyez-vous à son côté lors d'une rencontre. La proximité (pas l'intimité) bloque l'autocontrôle. Vous êtes tellement à l'unisson avec la personne qui est à quelques centimètres de vous que vous n'êtes plus submergé par le souci de vos propres actions.

Utilisez la technique du « Stop, j'arrête ! »

Bon, vous voyez donc que les techniques citées plus haut marchent bien. Mais vous avez toujours des pensées intruses :

« De qui te moques-tu ? On se rit de toi et tout le monde le sait ! » Ces pensées sont si envahissantes qu'elles vous terrorisent et vous humilient. Il faut donc qu'elles s'arrêtent. Dites-vous donc : Stop ! Ensuite, portez immédiatement votre attention sur ce que disent les autres ou prenez part à la conversation. Ayez recours, chaque fois que cela est nécessaire, au *stop catégorique* pour mettre fin aux peurs qui viennent à nouveau s'emparer de vous.

Dites adieu à la peur et au sentiment d'être un imposteur. Vous n'avez jamais désiré éprouver ce sentiment. Et les personnes qui ont suscité en vous ce sentiment ne sont sans doute plus aussi importantes à vos yeux. Si elles le sont encore, vous êtes en train d'apprendre à savoir négocier avec elles de façon à ne plus vous sentir un imposteur. Maintenant, vous savez qu'il n'est pas grave de se tromper, de dire des choses erronées, de commettre des erreurs stupides et de se trouver dans l'embarras. L'échec fait partie de la vie et nous le rencontrons tous. Ce n'est pas un mal. Cela ne fait qu'arriver. Donc inscrivez-vous au club !

ETAPE N° 7

En finir avec la honte pernicieuse

TEMPS DE RÉPIT. Vous avez eu l'occasion de mettre en pratique de nouvelles techniques et vous commencez à entrevoir un monde débarrassé de culpabilité. Vous savez qu'il est là – vous pouvez le voir, le goûter et presque le saisir dans vos mains. Vous êtes à deux doigts de saisir cette chance. Vous en êtes aussi prêt que ça.

Qu'est-ce qui fait donc que cette chance glisse entre vos mains ? Pourquoi ne pas pouvoir à tout jamais se débarrasser de la culpabilité ? Vous connaissez la réponse n'est-ce pas ? C'est frissonner en permanence à l'idée que l'on *ne vaut rien*. Vous essayez de repousser cette pensée, de l'ignorer, de faire comme si elle n'existait pas. Mais elle est bien là. Votre voix intérieure ne cesse de vous sommer d'admettre la défaite. C'est cette voix même qui vous dit que vous êtes « minable » et que tout est de votre faute. C'est comme avoir une épine dans le pied. Même si vous la retirez, vous sentez encore la douleur lancinante de la blessure. Il vous faut donc vous démêler avec cette douleur fantôme, la douleur de se sentir coupable même quand on n'est coupable de rien.

L'étape n° 7 vous aidera à savoir quand ce n'est pas grave d'avoir tort, d'être méchant, provocateur et indépendant. Tout ceci n'est plus tabou. Vous pouvez opter pour de tels choix mais, d'abord, vérifiez s'il est possible d'adopter une telle conduite.

1. Quand peut-on avoir tort ?

Tu as tort, tel est votre surnom. On vous l'a donné enfant et, depuis, il vous suit partout. Même si vous êtes téméraire, même si vous prenez des risques, vous êtes encore, des années plus tard, en train de rabâcher que vous avez eu tort d'agir de la sorte. Et pourquoi ? Parce que, pour vous, faire les choses mal signifie que les gens ne vont pas vous aimer et que vous allez vous retrouver tout seul.

AVOIR TORT = DESAPPROBATION + SOLITUDE

Existe-t-il un moyen de rompre ce cycle ? Oui. Voici quelques suggestions pour vous aider à vaincre la peur ressentie avec vos proches.

Avec vos amis

Les amis sont ceux qui font des choses pour vous, et non pas toujours vous qui faites des choses pour eux. Procédez par étapes pour vous permettre d'avoir tort en cartographiant délibérément un nouveau territoire :

– Refusez de faire ce que vous faites habituellement pour les autres.

– Demandez un service à quelqu'un sans le lui rendre.

– Fâchez-vous avec votre ami, ou rendez-le responsable de quelque chose.

– Admettez que votre ami puisse être contrarié, incommodé ou chagriné.

– Ne tenez pas une promesse ou un engagement ou modifiez l'organisation d'un projet.

– Faites-vous de nouveaux amis, même si vous sentez que cela va compromettre une vieille amitié.

Si vous suivez ces suggestions, vous vous sentirez le droit de commettre des erreurs avec vos amis. Vous pouvez être mauvais et, lorsque vous vous faites de nouveaux amis, vous pouvez laisser patienter les anciens, essayer de nouvelles choses sans que vos amis vous aident, ne pas être d'accord avec des amis même quand ils semblent avoir raison.

Avec vos intimes

L'intimité entretient la honte. Plus vous êtes proche de quelqu'un – ami(e) ou relation platonique – plus vous commencez à considérer cette personne de la même manière que les autres membres de votre famille : vos père, mère ou frères et sœurs. Et si vous entretenez des relations sexuelles, la honte devient plus grande encore. Vous êtes particulièrement sensible en présence d'un partenaire sexuel. Vous faites tous les efforts possibles pour que cette personne se sente bien et qu'elle ait raison. Vous craignez d'avoir tort de vouloir gâcher cette relation, tout autant que d'avoir causé l'abandon de votre famille. C'est pourquoi vous faites tout ce que vous pouvez pour ne pas détériorer cette relation.

Mais, bien sûr, cela cause plus de problèmes dans la relation. Il est normal d'avoir tort dans une relation intime quand :

1. Vous dites des choses que votre partenaire n'aime pas entendre.
2. Vous vous rendez en des lieux auxquels votre partenaire vous interdit d'aller.
3. Vous fréquentez des gens que votre partenaire n'apprécie pas.
4. Vous insistez pour que votre partenaire vous accompagne en des endroits qu'il (ou elle) trouve bizarres, puérils ou tout simplement ennuyeux.
5. Vous refusez de faire l'amour, quand vous ne voulez pas. C'est dire non à une sexualité expérimentale : vous trouvez très étrange ce que votre partenaire vous demande ou vous savez que ses motivations ne sont pas romantiques.
6. Vous laissez votre partenaire en colère contre vous. Vous n'êtes pas pompier ; ce n'est pas à vous d'éteindre tous les feux que suscitent les conflits dans la relation.
7. Vous pouvez dire aux autres les problèmes que vous rencontrez dans cette relation. Ce n'est pas un secret. Vous

pouvez vendre la mèche si vous vous sentez mieux après en avoir parlé à des amis intimes ou à votre famille. Vous n'êtes pas en train de « laver votre linge sale ». Tout ce que vous faites, c'est de rechercher un réconfort et des conseils auprès de personnes qui vous aiment.

Dans le lien conjugal

Une fois qu'une relation intime se concrétise par un mariage, la peur de mal faire s'accroît : vous tombez de Charybde en Scylla. Maintenant, vous n'avez pas simplement le *sentiment* d'être revenu chez papa et maman, vous êtes réellement en train de *reproduire* la même situation. Vous l'avez fait une fois et vous êtes en train de refaire la même chose depuis le tout début, sans exception aucune. Soudain, pour vous le mariage signifie que vous ne pouvez pas, ne devez pas et que vous feriez mieux de ne pas violer certaines « règles ». Vous vous DEVEZ de :

1. Faire le bonheur de votre conjoint.
2. Maintenir la cellule familiale intacte.
3. Etre sympathique avec votre belle-famille.
4. Répondre aux attentes de votre partenaire.
5. Concéder aux désirs et aux exigences de votre partenaire.
6. Garder le secret sur toutes les affaires de famille.
7. Considérer vos besoins comme secondaires et faire passer ceux de votre conjoint en premier.

Toutes ces OBLIGATIONS vous empêchent de vous sentir profondément honteux. Elles vous protègent des mauvaises actions et vous conduisent à payer ultérieurement par des pénalités émotionnelles. Mais quelle est la pire chose qui puisse vous arriver ?

Est-ce que votre partenaire va :

– Vous crier dessus, se moquer de vous ?
– Vous refuser de l'argent ?
– Vous frapper ?
– Dire aux enfants que vous êtes mauvais ?
– Refuser de faire l'amour ?

Bien, toutes ces raisons sont effrayantes. Mais s'il y a des possibilités réelles, ne se produisent-elles pas déjà pour vous ? Donc, qu'avez-vous à perdre ? Que signifie être perdu d'une façon différente quand les jeux sont faits d'avance contre vous. Vous pensez que vous êtes vaincu, piégé et que peiner davantage votre conjoint se retournera contre vous ; cela rend votre situation d'autant plus difficile si vous laissez la culpabilité vous envahir.

Quand vous admettez que vous avez tort et que vous êtes quelqu'un de « minable », vous devenez pessimiste ; si une mauvaise nouvelle devait arriver, elle se produira. Mais vous pouvez renverser cette attitude en réfrénant vos sentiments de « tort ».

Pour ce faire, discutez avec votre conjoint. Exprimez toujours vos opinions, vos sentiments. Insistez pour que votre conjoint procède de votre manière une fois sur deux. Et ne devenez jamais trop dépendant de votre conjoint. Si vous pensez qu'il est trop tard, parce que vous ne travaillez pas et que vous êtes coincée avec les enfants, trouvez une façon créative de faire des choses par vous-même. Pensez à reprendre des cours. Pensez à un travail à temps partiel. Ne vendez jamais votre âme à votre diable-conjoint.

Aussi, que vos enfants voient que vous vous disputez avec votre conjoint. Ce n'est pas mal de se disputer ; c'est le signe sain que vous éprouvez des sentiments adultes. Les enfants qui assistent aux échanges d'opinions de leurs parents commenceront à penser qu'il est normal d'avoir des conflits en famille. Au fur et à mesure qu'ils grandiront et dans leur vie d'adultes, ils n'auront jamais peur des conflits et seront plus enclins à épouser quelqu'un qui exprime ses sentiments que quelqu'un qui garde tout pour lui.

Faites part à votre belle-famille de vos opinions, sans cérémonie particulière. Une fois marié, il n'est pas nécessaire de faire bonne impression. Il est temps d'établir une relation qui durera toute la vie. Faites-le sur des bases honnêtes. Dites ce que vous aimez, ce que vous n'aimez pas et ce que vous voudriez qu'ils fassent différemment. Causez-leur des peines passagères s'il le faut – mais ne mentez pas. Ne prétendez pas que tout est pour le mieux quand ce ne l'est pas. Vous en seriez désolé.

Quand vous parlez de votre conjoint à d'autres, soyez honnête. Ne succombez pas à la tentation d'exagérer les côtés positifs de votre mari ou de votre femme. Finis les tableaux en rose. Dites la vérité sur les qualités de votre partenaire et soyez honnête quant à ses défauts. Il est difficile d'agir ainsi parce que si vous tenez des propos désagréables sur votre conjoint, les autres pourraient avoir une mauvaise image de vous. Vous pensez être aussi bon que votre conjoint. Donc, si votre conjoint n'est pas quelqu'un de bien, vous ressentez la même chose à votre sujet. C'est la raison pour laquelle vous gonflez son image. C'est pourquoi vous dites des mensonges pieux. Vous paraissez bon(ne) parce que votre époux ou épouse semble bon(ne). Mais vous êtes quelqu'un de bien, avec ou sans votre conjoint.

Et n'excusez plus votre conjoint. Vous n'allez plus le faire. Les gens n'auront que la vérité. Si son patron appelle pour vous demander où il se trouve, vous lui répondez que vous ne le savez pas si vous ne le savez pas. Mais ne dites jamais : « Je ne sais pas » si vous savez.

Rompez avec les habitudes malsaines de votre mari ou de votre épouse. S'il (ou si elle) vole, triche, ment, boit trop, mange beaucoup ou fait des choses que vous ne faisiez pas avant de le (la) rencontrer, ou que vous voulez changer à des fins personnelles, arrêtez d'avoir une attitude offusquée et laissez-le ou laissez-la gâcher sa vie. Vous ne devez pas sombrer avec lui ou avec elle. Dites simplement : « Excuse-moi, mais désormais je ne fais plus ce genre de choses avec toi. »

Dans les relations entre frères et sœurs

Vos frères et sœurs sont vos plus proches alliés. Ils savent par quoi vous passez. Vous avez partagé vos expériences d'enfant, vous partagez vos expériences d'adulte. Une partie de vous, c'est une partie d'eux. Ils peuvent même vous ressembler, se conduire comme vous aussi. Même les demi-frères ou les demi-sœurs ont entre eux des liens affectifs très forts. Vous les connaissez bien et ils peuvent deviner ce que vous pensez. Vous connaissez leur passé, ils connaissent le vôtre.

C'est la raison pour laquelle vous ne pouvez pas les berner. Votre conjoint – bien sûr que vous pouvez le faire ! Vos amis aussi, c'est du gâteau ! Mais pas les frères et sœurs, en aucune manière. Vous avez l'impression qu'au moindre changement le signal d'alarme est donné et qu'ils vont se demander ce que vous êtes en train de faire. C'est pourquoi vous devez être très direct. Vous devez alors leur dire que vous essayez d'être quelqu'un de différent, que vous prenez du plaisir avec votre nouvelle personnalité et que vous allez dire et faire les choses différemment.

Si vous vous sentez proche de vos frères et sœurs, c'est une bonne idée de les engager dans ce programme en dix étapes. Ils peuvent vous aider à contrôler vos progrès et à vous maintenir dans la bonne direction. Pour être aidé, il faut impliquer les frères et sœurs qui vous soutiennent ; ne les ignorez pas ou ne leur faites pas sentir qu'ils sont indésirables.

Mais il se peut que certains de vos frères et sœurs ne soient pas vos « potes ». Il y a peut-être des années que vous ne les avez vus. Ou, si vous les voyez, il vous est difficile de communiquer avec eux. Pour une raison ou une autre, vous ne vous entendez pas bien, raison pour laquelle ils ne peuvent pas faire partie de votre programme en dix étapes. N'inscrivez que les frères et sœurs à qui vous parlez régulièrement et que vous aimez vraiment.

Dans les relations avec votre père et votre mère

Maintenant, c'est le test le plus difficile : permettez-vous d'avoir tort ou d'être désagréable face à de véritables inquisiteurs espagnols – les personnes qui, les premières, vous ont fait vous sentir coupable. Ce n'est pas chose facile et, s'il ne tenait qu'à vous, vous préféreriez faire autrement. Affronter vos parents, ce n'est pas votre tasse de thé. Ou peut-être cela l'est-il ? Voici comment vous pouvez en finir avec les tabous :

1. Ne soyez pas d'accord avec ce que disent vos parents.

2. Dites-leur ce que vous voulez qu'ils fassent. Cela signifie que vous maîtrisez la situation plutôt que d'être sous leurs ordres. Par exemple, supposez que vous devez vous rendre au restaurant avec eux. Bien : choisissez-vous même le restaurant.

3. Ne suivez pas leurs conseils quand ils vous disent ce qui est bien et ce qui est mal.

4. Délibérément, habillez-vous comme il vous plaît et non pas en suivant leurs goûts. Il se peut que vos parents s'attendent à ce que vous soyez très élégant par exemple. Surprenez-les, habillez-vous comme un «plouc». Mais uniquement si vous le *désirez*. Il ne faut jamais faire quoi que ce soit dans l'unique but de vexer ses parents. Il en est de même en ce qui concerne les tâches ménagères. Peut-être avant que vos parents n'arrivent nettoyez-vous de fond en comble votre maison pour que tout brille comme dans une vitrine. Oubliez-le. Votre intérieur doit paraître naturel. Si vous redoublez d'efforts dans le seul but de leur plaire, cela vous énervera.

5. Arrangez-vous pour rencontrer vos parents individuellement. Ne jamais les prendre pour une équipe. Face à eux, un par un, soyez vous-même. Exprimez vos points de vue, vos désirs personnels et critiquez votre père ou votre mère. S'il ou si elle n'est pas content(e), laissez faire. C'est normal que des parents soient chagrinés. Ils vous aiment toujours, même s'ils disent le contraire.

6. Choisissez votre parent le plus sévère ; c'est avec lui que vous avez peur de mal faire. Il y a des chances pour que vos deux parents aient des personnalités opposées. L'un deux était plus critique, plus compatissant et respirait même une certaine sainteté, l'autre était plus bruyant, plus critique et très souvent en colère. Vos deux parents étaient peut-être ainsi ou peut-être pas, mais ils le sont devenus depuis qu'ils se sont mis à boire. Donc qui était ainsi, papa ou maman ? Choisissez le parent avec qui il est plus difficile de négocier

et prenez vos risques avec ce parent-là. Se montrer méchant ou injuste avec ses parents, c'est la preuve d'une grande réussite. Vous avez fini par sauter la barrière ; vous n'êtes plus pris au piège de vos souvenirs d'enfant ; vous n'avez plus à vous conduire à leurs côtés comme un petit enfant. Vous êtes au-dessus de ça maintenant. Vous êtes plus fort, plus courageux et vous voulez vraiment être considéré comme leur égal – ce que vous êtes.

Dans les relations parents enfants

Qu'en est-il de vos enfants ? Bien sûr vous les aimez. Bien sûr vous feriez tout pour eux. Vous vivez pour leur survie. Mais pouvez-vous être vous-même en leur présence ? Avez-vous trop peur d'avoir tort en face d'eux ? Vous ne devriez pas. Ils ont tout à apprendre. Laissez-les s'imprégner de votre nouvelle personnalité ; ils pourront ainsi, dès leur plus jeune âge, apprendre à combattre la culpabilité. Pour ce faire, vous pouvez :

– Commettre des erreurs devant eux.

– Dire qu'il est *normal* de se tromper et rire avec eux de certaines de vos erreurs.

– Montrer à vos enfants les nouvelles activités que vous êtes en train d'essayer. S'il s'agit de faire un gâteau pour la première fois, qu'ils vous regardent et constatent vos échecs. Si vous essayez de semer du gazon, demandez-leur de vous aider. Vous devez les autoriser *à se joindre à vous* dans l'entreprise risquée de vos nouvelles tâches. Ainsi, ils apprendront très tôt qu'il est tout à fait normal de faire des erreurs.

– Les encourager à essayer de nouvelles choses que leurs amis ne font pas. Dites-leur qu'*être différent, c'est bien.* On est en général mieux loti et on peut jouir d'une plus grande popularité auprès des pairs en étant soi-même plutôt qu'en copiant autrui.

2. Quand est-il admis d'être malveillant ?

Avoir tort peut être une conduite d'opposition, mais être mauvais c'est vraiment méchant.

C'est ainsi que vous vous sentirez. Vous n'êtes pas en remorque. Vous ne faites pas et ne dites pas ce que vous êtes supposé faire. Et il va se produire quelque chose de désagréable. Vous savez tout simplement que cela va arriver. C'est la raison pour laquelle vous pensez que *vous êtes* mauvais. Si quelque chose de mal pouvait survenir, c'est parce que vous en seriez la cause. Donc, vous êtes une personne mauvaise.

Y a-t-il des moments où il est normal d'être mauvais ? Bien sûr, si vous voulez combattre ce sentiment de culpabilité. Ceux qui ne veulent plus se sentir coupables *veulent* être mauvais. Voici ce que MAUVAIS signifie :

1. Vous faites le contraire de ce que les gens attendent.
2. Vous essayez des choses que les autres pensent que vous ne pouvez pas faire.
3. Vous enfreignez les coutumes ou les règles d'une institution : une famille, une entreprise, l'Eglise…
4. Vous entraînez les gens dans les choses *mauvaises* que vous faites.
5. Vous allez à l'encontre de votre instinct naturel pour fuir.

Au travail

Pouvez-vous être mauvais au travail ? Parfois vous aimeriez être mauvais, mais vous ne pouvez accepter les risques. Vous pensez que vous allez être mis à la porte. Le risque est trop grand, les bénéfices trop petits. Donc, vous répétez les actes routiniers que vous effectuez chaque jour et vous vous sentez de plus en plus oppressé. La pression ressentie vous incite à travailler davantage. Vous faites le travail qu'ils ne veulent pas faire ou qu'ils ne peuvent pas faire. Vous faites le travail de vos supérieurs et celui de vos collègues. Vous intervenez dès qu'on a besoin de vous. Et, ce qui est drôle, c'est qu'on semble avoir besoin de vous dès que vous apparaissez.

La façon d'être mauvais au travail, c'est d'enfreindre vos règles de conduite. Voici quelques façons d'y parvenir :

1. Ne soyez pas tant désireux d'aider les gens en détresse. Qu'ils sachent se débrouiller tous seuls ou guidez leurs efforts au lieu de tout faire pour eux.
2. Ne restez pas constamment tard sur votre lieu de travail. Rentrez chez vous aux horaires réglementaires. Si vous restez davantage, qu'on vous paie les heures supplémentaires.
3. Ne travaillez pas pendant les pauses. Prévoyez de prendre toutes les pauses autorisées par la loi ou le règlement intérieur de votre entreprise.
4. Ralentissez votre rythme. Travaillez à une allure constante et confortable.

«Je ne peux pas faire ça. Les gens s'appuient sur moi!» C'est vrai, ils le font. Mais parfois les supérieurs et les collègues comptent sur vous pour que vous en fassiez plus que votre part, tandis qu'eux travaillent à un rythme confortable sans se presser. Ils sont habitués à ce que vous travailliez vite et dur et que vous sollicitiez toujours davantage de tâches. Ils savent que le travail c'est votre drogue. C'est pourquoi ils vous flattent et vous disent que vous allez être augmenté. Ils vous font des cadeaux et relatent aux autres combien vous êtes efficace.

Et vous mordez à l'hameçon. Vous adorez leurs oh! et leurs ah! parce qu'il est agréable, au bout du compte, de se sentir approuvé. Mais, en fait, ce n'est pas vous qu'ils approuvent; ils ne pensent pas vraiment que vous êtes quelqu'un de merveilleux. Ils pensent que vous êtes une «bonne poire». Ils veulent vous garder là où vous êtes : aucune augmentation, aucune promotion, aucune mutation. Ils veulent que les choses restent au statu quo. Et pourquoi? Parce que si vous partez ils devront travailler davantage. Ils devront faire des choses qu'ils ne savent pas faire, des choses que vous avez toujours faites pour eux. Votre départ laissera entrevoir leur réel degré d'ineptie. Et ils ne veulent pas que ça se produise. Donc, vous êtes là pour toujours.

Vous faites toujours plus pour toujours plus de gens parce que vous vous sentez coupable. Rompez ce cercle vicieux en refusant de vous tuer à la tâche !

Pour y parvenir, chaque jour faites un peu moins d'efforts afin de mettre plus longtemps à finir ce que vous aviez l'habitude de faire en dix minutes. Ensuite, reculez vos dates limites au lieu de promettre de faire le travail en un temps éclair. N'essayez pas de tout faire par vous-même et dites à vos supérieurs que les choses prennent plus de temps que prévu. Finalement, cela obligera votre patron à prendre conscience que vous ne pouvez pas faire le travail tout seul. Il comprendra, par le ralentissement de votre rendement, que vous avez besoin d'aide.

Vos plaintes d'être surchargé de travail et sous-payé importent peu, car aucune ne sera prise en considération jusqu'au jour où votre patron sera réellement embêté. Quand votre patron ressentira les effets de votre ralentissement, il ouvrira soudainement les yeux et prendra les mesures nécessaires.

3. Quand est-il admis d'être en opposition ?

Vous pensez sans doute que l'opposition n'est jamais admise, n'est-ce pas ? Ce n'est vrai que si vous pensez que c'est un mot vulgaire. Mais ce ne l'est pas. C'est une chose que la plupart des gens font tout le temps. Ils le font un peu à chaque fois. S'opposer, c'est *prendre des risques*. Vous pouvez prendre des risques minimes et vous n'aurez pas pour autant une conduite d'autodestruction. Vous ne deviendrez pas voleur, menteur ou assassin et vous n'atteindrez jamais un tel degré d'immoralité et de manque d'éthique que vous ne pourrez plus vous supporter. Rien de tout cela ne se produira.

Savez-vous pourquoi ? C'est parce que vous ne vous permettrez pas d'être trop rebelle. Vous vous êtes construit en vous une alarme qui se déclenche dès que vous commencez à dépasser ce qui est supportable pour vous. Cette alarme sonne si fort que vous restez cloué sur place sans pouvoir bouger. Elle vous étouffe.

Mais la bonne nouvelle, c'est que cette alarme se déclenche pour un rien. Auparavant elle se mettait à sonner pour des violations minimes. Répondre, agir dans le dos de quelqu'un, parler de vous… : tout cela suffisait pour déclencher l'alarme. Votre alarme ne vous laissait rien passer. Donc, maintenant vous êtes en train de remettre l'alarme. Vous vous permettez davantage d'écarts avant qu'elle ne se mette à sonner. Vous essayez de vous donner beaucoup de latitude. Vous osez davantage avant que l'alarme ne vous prévienne du danger.

Il n'y a qu'un seul problème : aussi libéral que vous soyez cette alarme se déclenchera toujours trop tôt. Vous n'allez jamais vous permettre de prendre de gros risques avant le déclenchement de votre alarme. Cela fait partie de votre personnalité de vous trouver toujours en sécurité. Il se peut que vous partiez à la conquête de la culpabilité, mais vous ne vous vous exposerez jamais à aucun danger.

C'est la raison pour laquelle vous vous rebellerez différemment. Ce ne sera jamais comme les autres. Pour vous, l'opposition ne représente que quelque chose d'approximatif. En fait, vous vous avancez vers la rébellion. Vous ne ferez jamais quoi que ce soit de bizarre. Tout simplement, il vous est impossible d'être *complètement* affreux.

Donc quel est votre degré d'opposition ? C'est ce que vous allez voir dans ce chapitre. Vous allez y trouver des moyens de vous montrer rebelle dans votre relation conjugale ou dans d'autres, dans votre créativité aussi.

a) Dans votre mariage et d'autres relations

Imaginez l'autel où vous vous êtes marié. Maintenant, insérez un nouveau film dans cette image. Imaginez-vous en train de vous avancer vers l'autel et de crier : « Non, en aucune façon j'épouserais ce saligaud ! » Drôle, n'est-ce pas ? Vous pouvez en rire parce que vous pensez que jamais vous ne feriez une chose pareille ! Mais le seul fait d'y penser, comme c'est agréable ! Cela fait du bien d'imaginer qu'on peut être impoli, cru ou vulgaire. Imaginez-vous en train de vous mettre dans tous vos états. Vous insultez votre conjoint et toute sa famille avec. Le tableau n'est que mieux réussi lorsque vous vous imaginez responsable de tout. Vous donnez les ordres. Monsieur Gentil Garçon n'existe plus. Vous êtes le grand chef. Vous dites « Saute ! » et votre conjoint saute. Imaginez la scène. Ça vous fait du bien, n'est-ce pas ?

Ne serait-ce que pure imagination ? Non. Ces images mentales peuvent être réelles. Il ne faut pas qu'elles restent de pures fantaisies de votre imagination. Pendant un instant sortez de votre imagination pour vous demander : « Comment puis-je faire ce que je voudrais vraiment faire ? »

– Comment puis-je être égoïste ? Comment dépenser de l'argent rien que pour moi ?

– Comment faire pour que mes *desiderata* soient plus souvent pris en considération ? Comment arriver à ce que ce soit moi qui décide de ce que nous allons faire ou voir ?

– Comment pourrais-je progresser dans ma carrière ou pouvoir croire prendre une autre direction ? Comment *faire ça tout simplement* sans mettre en péril mon mariage ?

– Comment me maintenir en meilleure santé ? Faire davantage de sport, arrêter de fumer, de boire, de trop manger ?

– Comment pourrais-je être heureux ? Que faut-il que je voie et quelles décisions dois-je prendre pour mettre fin à cette vie ennuyeuse ? Je serai donc obligé de tout recommencer à nouveau, cette fois en reconstruisant tous les morceaux de ma vie sous un mode plus équilibré.

Vous pouvez répondre à ces questions si vous faites les choses suivantes :

1. Etablissez une liste de ce que vous voudriez éradiquer de votre vie. Faites-le maintenant :

Je voudrais :

A. .... *[par exemple, ne plus fumer]*

B. ....

C. ....

2. Dressez une liste de ce que vous voudriez être ou faire. Faites-le maintenant :

J'aimerais pouvoir :
A. .... *[par exemple, être plus en forme physiquement]*
B. ....
C. ....

3. Maintenant, pour chacun des points cités ci-dessus donnez plusieurs items. Ces items vous renseigneront sur la manière d'atteindre vos objectifs. Par exemple :

J'aimerais a) être plus en forme physiquement, m'inscrire à un club ;
b) économiser dans ce but ;
c) commencer par des exercices quotidiens.

J'aimerais a) ....
b) ....
c) ....

J'aimerais a) ....
b) ....
c) ....

J'aimerais a) ....
b) ....
c) ....

4. Faites le projet de travailler selon ces étapes. Qu'elles deviennent votre obsession quotidienne. Essayez d'atteindre votre objectif en allant au bout de chaque étape.

b) Dans votre créativité

C'est par rapport à votre monde intérieur qu'il vous est plus facile d'être dans l'adversité. En général, vos pensées agissent comme de véritables gardes ; elles contrôlent chacun de vos mouvements et devinent ce que les autres pensent de vos actes. Mais tout cela est fini. Maintenant, vous pouvez utiliser votre intelligence pour être plus créatif. Déplacez toute l'énergie psychique que vous mettiez à analyser chaque situation dans une entreprise plus artistique, explorez en vous de nouvelles capacités qui vous paraissent étranges et impossibles. Plongez dans votre imagination pour trouver l'idée d'un projet.

Supposons que votre projet soit de lire un livre. Vous lisez rarement, mais c'est le moment de vous y mettre. Vous ne voulez pas vous contenter de lire vos livres habituels concernant le jardinage. Vous voulez quelque chose de vraiment différent : un livre de fiction, d'histoire, un livre sur les hobbies, un livre sur la défense du consommateur – ou sur un tout autre sujet auquel vous n'aviez pas vraiment pensé, sauf que maintenant ce sujet-là retient toute votre attention. Il exploite la passion cachée que vous avez pour l'information. Vous voulez nourrir cette passion. D'accord, allez acheter le livre. Achetez-en même deux ou trois.

Enrichissez votre créativité en ayant des idées bizarres qui vont à l'encontre de ce que vous pensez habituellement pendant la journée. Ne faites pas qu'y penser, mettez-les en pratique. Allez jusqu'au bout de vos idées créatives. Vous ne serez pas déçu ; vous ne serez pas blessé non plus. Vous vous sentirez stimulé – le fardeau qui se trouvait sur vos épaules vient d'être déplacé. Vous venez de découvrir une autre manière de penser. Penser en ces termes vous permet de faire n'importe quoi, si seulement vous essayiez.

Le degré d'échec ou de réussite d'une idée créative a moins d'importance que sa simple *mise en œuvre*. Réaliser vos idées permet de prendre confiance en vous ; vous commencez à vous percevoir comme un réservoir à idées capable de régler les problèmes, de prendre des décisions et de vivre plus pleinement. Vous devenez votre propre psychologue. Vous commencez à ne compter que sur vous pour vous sortir d'embarras. Vous apprenez à dire : « Je peux le faire moi-même. » Et, qui plus est, vous vous mettez au travail pour résoudre vos problèmes sans attacher d'importance à ce que pensent les autres.

4. Quand est-il admis d'être indépendant ?

Vous voulez *en sortir* parce que vous détestez dépendre de quelqu'un d'autre. Vous vous sentez comme un prisonnier à qui on refuse le droit de parole. Et pire encore, vous êtes le juge d'application des peines qui vous dit de ne pas bouger. Vous faites de la sorte pour ne pas :

– Abandonner la personne ou lui causer de la peine.

– Vous sentir responsable de ne pas vous débrouiller ou de fuir.

– Vous sentir égoïste.

Chaque pas que vous faites en direction de l'indépendance est un pas qui vous éloigne de la zone confortable. Cette zone de bien-être, c'est cette frontière imaginaire entre votre vie et celle de votre partenaire. Vous êtes convaincu que vous appartenez à ce territoire. Vous n'osez pas franchir cette ligne. Ne serait-ce que d'y songer, vous n'osez pas. Ce serait commettre une violation. Vous êtes persuadé que votre partenaire vous haïra si vous le faites, ou que quelque chose de mauvais – vous ne savez pas quoi – va se produire.

Prenez en considération :

Margaret : elle reste à la maison pour élever ses trois enfants et n'a jamais fait de travail bénévole parce qu'elle pense que son mari la haïrait de « partager son temps ».

Denis : il a un poste très ennuyeux comme fonctionnaire ; il voudrait essayer d'ouvrir un garage automobile. Il craint que sa femme ne pense qu'il est irresponsable et le quitte.

Muriel : elle n'a jamais conduit. Elle a bien son permis de conduire, mais elle ne pourrait supporter le harcèlement de son mari. Il demanderait toujours où elle va, vérifierait le réservoir d'essence et le compteur kilométrique. Il faut engager trop d'efforts pour se débattre avec sa paranoïa.

Eric : il habite chez ses parents. Il travaille toute la journée mais c'est tout ce qu'il fait. Sa mère en a fait son esclave personnel. Quoi qu'elle veuille, il le fait. Il doit le faire. Il est trop terrifié de ne pas le faire.

Toutes ces personnes partagent une peur commune : « Ne franchissez pas la frontière ou les conséquences seront fâcheuses et vous devrez payer. » Elles ont tellement bien intériorisé cette peur qu'elles ne bougeront pas. C'est ce qu'elles ressentent. Vous voulez commencer quelque chose de nouveau, mais vous n'allez pas le tenter de peur qu'on vous tourne en dérision, qu'on vous crie dessus, qu'on vous refuse des privilèges, qu'on vous rabaisse, qu'on vous menace, qu'on vous retire argent et affection, qu'on vous frappe, qu'on vous abandonne…

Et, honnêtement, vous ne méritez aucune de ces vilaines choses. Mais elles peuvent arriver parce que la personne dont vous dépendez dépend aussi de vous. C'est ce qui est signifié par la *codépendance.* Vous avez besoin de cette personne pour vous sentir en sécurité autant que cette personne a terriblement besoin, pour survivre, de l'oxygène que vous lui apportez. C'est une impasse.

Vous pouvez commencer à briser ce piège de codépendance dans une relation amoureuse ou amicale en violant la frontière. Vous devez franchir cette frontière pour aller vous rafraîchir dans un monde de fierté égoïste, peuplé de conscience et de bonheur. Un monde dans lequel vous vous attribuerez le mérite des choses que vous faites et où vous ne laisserez pas les autres discréditer vos actes. Un monde où vous pouvez être créatif et plein d'imagination et où vous laisserez tomber vos inhibitions sans vous soucier de ce qu'on pourrait vous blesser.

Dans ce monde vous pouvez prendre des risques et vaincre la honte pernicieuse de trois manières :

1. **Essayez des choses littéralement opposées à celles qu'on vous a toujours permis de faire ou de penser.** Soyez radical. Faites partie d'une organisation, intéressez-vous à d'autres religions ou ayez une vie sociale plus importante. Essayez de chercher d'autres activités, d'autres événements et des groupes que vous aviez bannis parce que vous les considériez comme *mauvais* ou *tabous.*

2. **Devenez une autre personne en copiant les traits de quelqu'un que vous admirez.** Au début, pensez comme cette personne. Vous ne serez pas toujours un duplicata, seulement au début, les premières semaines, uniquement quand vous essaierez d'agir comme elle. Au bout d'une semaine vous commencerez à fondre ses caractéristiques dans votre propre personnalité. C'est alors qu'une nouvelle personne va advenir et ce sera vous.

3. **Essayez de faire tout seul quelque chose de nouveau ou de difficile.** Sortez de votre bulle frontière non seulement en étant différent et en copiant ce que font ceux qui prennent des risques, mais en essayant ces choses entièrement seul. Ne demandez pas à quelqu'un qu'il soit votre entraîneur. Vous n'en avez pas besoin. Vous devez essayer tout seul. Vous allez agir avec maladresse, trébucher et aller au hasard, ce qui vous fera connaître nombreuses souffrances et tribulations. Vous devez danser en rond dans des cercles en pensant que vous n'allez nulle part et en vous sentant préoccupé que rien de tout ce que vous entreprenez ne marchera vraiment.

5. Il est important de passer par ces étapes

Une partie de l'indépendance, c'est la période de découverte. Vous allez découvrir que les erreurs que vous commettez sont humiliantes, stupides et exaspérantes. Mais elles sont nécessaires. Il faut traverser les doutes inhérents à toute prise de risques avant de se sentir vraiment bien de l'autre côté de la frontière.

Les frontières – comme les règles – sont là pour qu'on les transgresse. Une fois la frontière franchie, elle disparaît. Il n'existera plus désormais de frontière qui vous sépare des plaisirs que vous allez vivre. Vous êtes libre de choisir votre propre direction et d'essuyer les petits orages de la vie le long du chemin.

ETAPE N° 8

Inutile de tout vouloir contrôler

ETES-VOUS DÉJÀ ALLÉ à une *party* organisée par des amis ? Vous êtes là pour passer un bon moment, mais il vous semble que vos amis ont du mal à s'en sortir : trop de plats, trop de vaisselle et trop de monde. Ils semblent dépassés. Vous pensez qu'ils n'y arriveront pas et êtes ennuyé pour eux. Après tout, ce sont vos amis, pas vrai ?

Alors vous décidez de les aider. Vous débarrassez la table, vous emportez les choses à jeter, vous passez le plateau de pizza à la ronde. Vous suggérez même que c'est le moment du dessert. On ne vous a rien demandé. Vous l'avez fait de vous-même. Vous êtes là pour aider. Vous aimeriez qu'ils le fassent pour vous, alors pourquoi n'apprécieraient-ils pas que vous le fassiez pour eux ? Après tout, c'est à ça que servent les amis. N'est-ce pas vrai ?

C'EST FAUX ! C'est ainsi que l'on perd ses amis. Personne ne vous a demandé de vous en mêler, alors pourquoi l'avoir fait ? Pourquoi ne pas vous occuper de vos affaires ?

« M'occuper de mes affaires ? Mais j'essayais simplement d'aider, n'est-ce pas ? » NON ! Pas aux yeux de vos amis. Et pas non plus aux yeux de ceux, nombreux, qui n'aiment pas les aides. Ils ne les aiment pas parce qu'ils pensent que les aides les croient incapables de faire quoi que ce soit de bien. Ils veulent garder le contrôle et vous leur retirez ça. Perdre le contrôle de la situation leur pose problème. Et pour vous, c'est la même chose.

1. Le besoin de contrôler

Ce chapitre concerne le contrôle. Le besoin de contrôler peut fonder ou briser une amitié, créer et anéantir une relation. Il peut bâtir vos espoirs et vos attentes pour les écraser aussitôt. Tout ça parce que vous avez trop voulu être ce que personne ne veut que vous deveniez : une aide.

Pourquoi ? Parce que vous n'aidez pas vraiment : vous contrôlez. Vous faites le ménage pendant cette réunion pour que tout aille bien. Mais pour qui ? Votre ami ou vous-même ? Votre ami est peut-être devenu fou, mais peut-être aussi que c'est comme ça qu'il aime faire les choses. Votre ami trouve peut-être que tout se fait, à tort ou à raison, en courant partout d'un air anxieux. C'est son *modus operandi* – sa façon propre de procéder. Il a toujours fait comme ça par le passé. C'est comme ça qu'il opère maintenant. Et il en sera sans doute de même à la prochaine *party*. C'est simplement sa façon de faire.

Vous vous en mêlez parce que vous n'êtes pas du même avis. Vous ne pouvez pas. C'est trop désordre. Vous regardez faire et vous vous dites : « Mon Dieu, si je faisais comme ça, je deviendrais cinglé ! » Vous pensez que vous aimeriez qu'on vous aide, alors eux aussi veulent probablement de l'aide.

Mais vos amis ne vous ont jamais demandé de les aider, et vous le leur imposez malgré tout. Vous vous mêlez d'organiser le monde de vos amis de la façon qui vous convient à vous. Vous voulez contrôler leur environnement pour soulager votre propre anxiété. Cela vous inquiétait de les voir tendus. Vous vous sentiez nerveux, honteux, et avez pensé que votre manière à vous pouvait résoudre le problème.

Personne ne vous a demandé de l'aide. Personne ne voulait que vous interveniez. Et maintenant, personne n'apprécie ce que vous avez fait.

C'est la navrante conséquence du besoin de contrôler toute chose. Vous ne pouvez pas gagner à ce jeu. C'est juste au moment où vous pensez avoir sauvé la situation que vous créez, en fait, le désastre. Le contrôle ne profite jamais à ceux que vous pensez aider. Soit il leur vole le sentiment de posséder eux-mêmes le contrôle, soit il les rend si dépendants qu'il vous sera demandé d'exercer constamment ce contrôle. Il n'y a pas de moyen terme. Vous êtes toujours perdant.

Contrôler n'est pas un acte de bienveillance. Cependant, vous le croyez. Vous pensez œuvrer pour le bonheur des autres, mais non. En fait, vous voulez faire du bien pour vous protéger de choses désagréables. Le contrôle vous sert de protection contre toutes vos craintes concernant ce que les gens pourraient dire ou faire à votre encontre. En vous chargeant de tout, vous vous assurez contre de possibles désagréments dans l'immédiat. Et s'ils se produisent ultérieurement, vous pourrez toujours critiquer les autres, trop égoïstes, incapables d'apprécier vos généreux efforts. Bien sûr, tout cela a pour but de *vous empêcher, vous-même, de vous sentir honteux.*

2. Contrôler pour se protéger

La honte vous joue de sales tours, l'un d'eux étant votre vigilance à propos des conflits et des peines. Vous n'aimez pas les conflits et vous ne causeriez pas volontairement de chagrin à quelqu'un. Alors vous fourrez votre nez dans toutes sortes de situations pour réduire le risque de conflit et de chagrin. Vous vous protégez comme un garde protège une maison. Vous ne laisseriez pas se produire, à votre barbe, une de ces situations que vous n'autorisez pas. C'est impossible. Ce serait trop affreux. Vous établissez une protection contre tous et tout ce qui vous menacerait dans votre fragilité. Jamais vous n'aurez l'air idiot – vous vous y refusez !

Quelles sont exactement ces menaces dont vous vous protégez ? Et comment briser les barrières de protection élevées pour chacune d'entre elles ? Voyons un peu.

a) Se protéger de la critique et du conflit

Vous ne pouvez rien faire sans bouleverser quelqu'un. Les gens en colère surgissent de partout, vous blâmant pour des erreurs incroyables dont ils veulent vous faire porter la responsabilité. Et d'habitude vous les croyez ; ils sont si convaincants !

Prenez par exemple : « Tu es tellement égocentrique ! » C'est une plainte banale, mais vous commencez à y réfléchir. « Peut-être ont-ils raison de dire ça ? » Instantanément vous passez en revue les faits du jour – ce que vous avez fait et dit. Vous pensez que vous avez été égoïste une ou deux fois : « Ouais, je suppose que j'ai acheté ce CD pour moi-même... et je crois que j'ai mangé la collation de la famille. » C'est la preuve. Vous avez été attrapé. A vous les problèmes. Cette preuve, c'est tout ce qu'il fallait pour vous accuser vous-même. Vous êtes coupable. Peu importe l'égoïsme de votre critique ; peu importe que tous les jours chacun fasse des choses pour lui-même. Tout ce qui compte, c'est que ces critiques vous enfoncent le clou dans la tête. Toute parcelle de preuve de comportement égotiste vous met automatiquement en cause.

« Mon Dieu, c'est vrai ! Je suis égocentrique. » Tout d'un coup ! Vous acceptez le verdict sans considérer le pourquoi de cette critique, ni si vous méritez vraiment cette accusation. Là n'est pas l'important. Vous êtes en tort et vous vous sentez piégé, incapable de vous en sortir. Vous tâchez d'échapper à la critique et au conflit en agréant, en vous excusant, en vous défendant, en vous blâmant et même en en faisant trop pour complaire l'autre. Vous pouvez aussi blesser, discuter ou vous éloigner de votre critique. Si rien ne marche, la colère grandit en vous et vous montrez le poing ou jetez les objets qui vous tombent sous la main.

En repoussant les hostilités vous n'êtes pas quitte pour autant. Vous avez d'autres trucs de protection dans vos manches. Après le déferlement de reproches, vous allez pratiquement faire tout ce qui est possible pour éviter que le conflit éclate. C'est-à-dire interrompre la discussion pour appeler des amis ou de la famille à la rescousse. Vous avez besoin de leur confirmation. Vous voulez qu'ils vous confirment que vous êtes une bonne personne dans le fond et que rien de ce qu'a dit votre critique n'est vraiment vrai. Pas de doute, c'est l'autre qui a tort à tout point de vue.

Vous usez aussi de tactiques du style : « Ça-me-fait-du-bien » pour vous protéger du conflit. Lorsque vous vous sentez vaincu par un critique, plutôt que de lui répliquer vous sortez et dépensez l'argent que vous ne possédez pas, vous mangez plus que d'habitude, vous buvez davantage d'alcool. Votre tactique de « Ça-me-fait-du-bien » entre en action. Les personnes mariées commencent à flirter avec le sexe opposé. Les conjoints qui travaillent font encore plus de voyages d'affaires. Les promenades familiales diminuent rapidement. Vous commencez à vous sentir bien seul dans cette bagarre pour vous faire apprécier. Personne ne vous aime et n'a besoin de vous, et vous avez l'impression de vous battre contre une montagne pour conquérir votre estime de soi. Vous devez veiller sur vous-même, car sinon, qui le fera ?

Il s'agit là d'une distorsion autocentrée. Vous n'êtes pas vraiment seul. Vous n'êtes pas vraiment sous-apprécié. Et vous n'avez sûrement pas à mener une si rude bataille pour l'estime de soi. Il n'y a pas de bataille parce qu'il n'y a pas d'ennemi. Vous êtes le seul attaquant en cause ; vous vous agressez vous-même. Les autres se sont contentés de porter un commentaire négatif sur vous. Juste ou faux, ce commentaire n'est qu'un commentaire. Ce n'est pas...

1. Un commandement divin : « Tu es mauvais. Honte à toi ! »

2. Un diagnostic : « Vous avez un sérieux problème et vous ne vous en sortirez jamais. »

3. Un verdict : « Vous avez commis un crime odieux et vous méritez la peine de mort. »

4. Un jugement définitif : « Vous le faites toujours de travers et vous n'y arriverez jamais ! »

Vous tombez dans l'engrenage du « Protégez-moi » car vous pensez, en toute honnêteté, que cette critique appartient à l'un de ces quatre items, voire à tous. C'est donc la première chose à modifier. Changez votre façon de voir critiques et conflits. Considérez la critique comme :

– normale ;

– une simple série de mots ;

– quelque chose que l'autre désire sans l'obtenir ;

– quelque chose que vous désirez mais que vous cherchez à obtenir par une mauvaise voie ;

– l'expression d'une inquiétude de la part de quelqu'un qui vous apprécie ;

– la déclaration de quelqu'un qui aimerait vous aider. *On ne critique pas ceux que l'on considère sans importance. Même si les paroles sont très dures, la critique est toujours une proposition d'aide.*

Les conflits jouent dans le même sens. D'aucuns pensent qu'un conflit est une dispute et que cela nuit aux bonnes relations. Se disputer est pour eux signe de mauvaise communication et d'une bataille rangée pour le contrôle de la situation. Mais il n'en est pas ainsi. Les disputes sont des mots, mais ils apportent aussi une aide. On peut retirer de nombreux bienfaits des conflits et des discussions. En voici quelques-uns :

– Dire ce que l'on pense, entendre ce que pense autrui.

– Soulager des tensions montantes.

– Apprendre davantage d'éléments sur une situation.

– Entendre des solutions possibles pour un problème.

Le conflit n'est effrayant que si vous écoutez ces messages intérieurs qui vous murmurent que vous êtes en train de perdre le contrôle et que vous ne voulez pas qu'un autre prenne votre place. C'est une perception déformée. C'est considérer le conflit comme un commandement, un diagnostic, un verdict ou un jugement. Ce genre de considérations suggère que vous êtes assiégé et bientôt à court de munitions. Vous ne voulez pas céder et êtes las de la lutte. Que reste-t-il donc à faire ?

Pourquoi ne pas simplement demeurer où vous êtes ? Ne pas fuir, ne pas prendre l'offensive, faire face à la critique et au conflit comme à une conversation normale. C'est ce qu'ils sont, en fait : des opinions émises dans la discussion. Critique et conflit ne sont pas l'ennemi – ce sont des fenêtres ouvertes sur l'univers de vos amis, de votre famille et de vos relations intimes. Vous avez ainsi une vue de l'intérieur de ce qu'ils perçoivent de vous. Le moment est venu d'enlever ce voile jeté sur vos émotions et d'accepter reproches et conflits. Voici comment vous y prendre :

Comment ne pas se protéger de la critique

Sortez du piège du «Je ne veux ni conflit, ni critique» en suivant ces cinq directives :

1. Toujours demeurer dans la situation.

2. Ecouter ce qu'on vous dit avant de répondre.

3. Ne jamais prendre à votre compte la critique ou le conflit. Demandez juste de quoi il s'agit et non pas pourquoi il (ou elle) dit ceci ou cela.

4. Utiliser la méthode de confiance en soi D.E.S.C. pour exprimer le fond de votre pensée.

5. Utiliser des techniques de relaxation spécifiques pour rester calme, au lieu d'avoir peur et de fuir.

b) Se protéger du rejet

«Il m'a encore fait ça... Pourquoi est-ce que je le laisse toujours faire ? J'aurais dû repérer les signaux d'alerte, mais je ne l'ai pas fait. Je suis vraiment trop bête ! Je n'apprendrai jamais...» Apprendre quoi ? A prendre de plus sages précautions ? A sortir le revolver encore plus vite, avant même de savoir de quoi il retourne ? Est-ce seulement pour éviter de vous sentir haï ? Cela vous mènera-t-il quelque part ?

Non. Vous êtes malheureux quand vous pensez qu'on vous déteste. Mais ce n'est pas la haine qu'on éprouve pour vous qui vous rend malheureux. Votre détresse vient d'un sentiment de déception. C'est ça le rejet : se blâmer soi-même car on se sent déçu. Par exemple, votre petite amie vous dit qu'elle sort ce soir avec des amis : vous vous sentez rejeté. Votre mari allume la télévision et s'installe dans le fauteuil : vous vous sentez rejetée. Votre amie s'excuse car elle ne peut aller au cinéma avec vous : vous vous sentez rejeté.

Mais qui rejette qui ? Est-ce la faute de votre copain, de votre copine ? Et votre époux ou votre meilleure amie, sont-ils fautifs ? Peut-être vous semble-t-il juste de leur en vouloir, mais ce ne sont pas eux qui vous donnent cette sensation de rejet. La faute, c'est en vous qu'elle gît. Vous vous rejetez vous-même. Vous ne faites pas face à un désappointement.

Vous n'aimez pas que les choses ne se passent pas comme vous le désirez. Cela ne vient pas de votre égoïsme, mais du fait que vous dépendez lourdement de la valeur que les autres vous accordent. S'ils disent, par exemple : « Désolé, je ne peux pas », vous traduisez par : « Désolé, tu ne vaux rien. » Pour vous, la déception c'est :

– « Personne ne m'aime, et ne m'aimera jamais. »
– « Tout le monde présume de moi. »
– « Ils ne veulent pas de moi parce que je leur ai causé du tort. »
– « Je ne mérite pas qu'on fasse quelque chose avec moi. Quand on me dit non, ça prouve bien qu'on ne veut pas vraiment de moi. »

Vous détester parce que les autres vous rejettent vous distrait de la véritable question : quelqu'un ne peut ou ne veut pas faire quelque chose avec vous ou pour vous. Vous oubliez l'évidence. Elle s'est évaporée. Votre seul souci, c'est de savoir pourquoi il en est ainsi et ce que vous auriez pu faire pour éviter cette situation. Vous vous protégez ainsi du rejet redouté. C'est pourquoi vous :

– Ne demandez jamais aux gens de faire des choses avec vous.
– Ne laissez pas les gens vous aider.
– Ne demandez pas leur opinion sur ce que vous aimez.
– Ne demandez pas grand-chose aux gens, et ainsi, vous ne leur *devrez* rien.

Vous haïssez les dettes affectives. Vous escaladeriez plus volontiers la plus haute des montagnes avec de vieilles chaussures de gymnastique que de demander à quelqu'un de vous acheter des souliers de montagne et de lui devoir, à tout jamais, un service en retour. Pour vous, il est sans intérêt d'établir un échange avec une autre personne, parce que vous avez l'impression que vous allez vous y investir plus qu'elle. Vous donnez toujours plus que vous ne recevez en retour.

Mais, en réalité, ce n'est pas vrai. Vous détestez vous sentir en dette auprès des autres, probablement parce que vous courez le risque d'avoir à faire pour eux des choses qu'ils n'aimeront pas ou rejetteront. Ou bien votre idée plaira et on vous demandera peut-être vos faveurs, mais pas exactement comme vous les offrez. Et cela ne vous convient pas. « Ou bien je lui donne ce que je veux, comme je veux, ou alors oublions ça. Je ne vais pas changer mon idée ou ma proposition pour lui faire plaisir. » Et pourquoi ? « Pourquoi le devrais-je ? Ça ne lui plaira pas de toute façon ! »

Vous avez tracé un schéma de rejet qui parcourt toute votre vie. Si ce n'est par la porte, le rejet passera par la fenêtre, mais il est certain qu'il va se présenter. Vous ne voyez aucun moyen de l'empêcher. Toute votre vie tourne autour du rejet. « Les gens ne veulent pas de moi, ils ne m'aiment pas. Ils ne m'aimeront jamais, et c'est tout. » La question est close. Et elle le sera tant que vous garderez vos œillères. Les œillères déforment les véritables événements.

Retirez-les pour un moment. Considérez le rejet d'un autre œil. Pensez-y comme à une simple *opinion*. Il ne s'agit pas d'un *jugement*. Personne ne décide de votre destin. Personne ne décide de votre valeur en tant qu'être humain. Les opinions, c'est justement le contraire. Ce sont des réactions à ce qui se passe. Vous avez des opinions comme tout le monde ; vous apprenez à les exprimer, alors il est logique que les autres veuillent exprimer les leurs. Aucune opinion n'est juste ou fausse ; elle reflète seulement ce que la personne ressent à un moment donné. Acceptez-la comme une opinion pour l'instant. Et laissez l'autre libre de ses opinions, elles lui appartiennent. Il les exprime, y croit et y tient. Ce ne sont pas les vôtres et vous n'avez aucune raison de les prendre au sérieux.

Pensez au rejet comme :
– A l'opinion d'une autre personne.
– A l'opinion d'une autre personne et qui lui appartient entièrement.
– A l'opinion d'une autre personne qui peut avoir rapport ou pas avec vos propres idées.
– A l'opinion d'une autre personne qui n'est ni vraie ni fausse, c'est juste une opinion.

« D'accord, très bien. Mais je hais toujours ladite opinion. Je la ressens toujours comme rejetante. » Ne vous sentez pas rejeté. Cherchez-en le bénéfice. Il y a de nombreuses raisons d'accepter volontiers les opinions des autres :
1. Vous voulez que les gens soient honnêtes avec vous.
2. Vous voulez qu'on vous traite équitablement.
3. Vous voulez que les gens fassent ce qu'ils ont *vraiment envie* de faire, qu'ils ne trichent pas pour vous faire plaisir.
4. Vous voulez qu'on vous respecte en tant que personne.
5. Vous voulez être traité comme vous les traitez.

Alors, il est normal que les gens disent des choses qui vous donnent le sentiment d'être rejeté. Il vous faut en faire l'expérience pour réaliser que les autres ne peuvent passer leur temps à regonfler votre ego et pour être capable de reconnaître l'honnêteté lorsque vous la rencontrez.

Comment ne pas se protéger du rejet

Votre plus grand défi dans la vie, c'est de combattre la honte de vous sentir rejeté. Mais il est temps de faire face à la réalité. Extrayez-vous, pour un moment, de la liste des victimes du rejet. Si vous suivez les directives suivantes, vous saurez comment aborder beaucoup des déceptions de la vie :

1. Remerciez quiconque vous explique pourquoi il a fait ce qui vous a fait vous sentir rejeté.

2. Dites-vous à vous-même : « C'est bien pour quelqu'un de me décevoir. Ça veut dire qu'il n'est pas disponible pour moi au moment présent, mais cela ne veut pas dire que ce sera toujours ainsi. Nous avons tous notre propre vie. Tout le monde ne peut pas tout faire au moment où je le veux. »

3. Demandez à des gens de faire quelque chose pour vous et acceptez l'impression de leur devoir quelque chose.

4. Faites-en pour les autres autant qu'ils en font pour vous – ni plus, ni moins. N'élevez pas toute une haie de services rendus en pensant que l'autre vous en doit maintenant une quantité. Ça ne peut pas marcher ; vous ne lui donnez pas la moindre chance de pouvoir vous les rendre. Laissez l'autre vous gratter le dos à son tour.

c) Se protéger de la colère

Vous détestez vous mettre en colère. Ce n'est pas digne d'une dame, ou bien c'est trop « macho ». La colère est un signe de faiblesse, c'est ce que vous ressentez. Pour vous, retenir sa colère c'est garder le contrôle. Vous comptez les coups. Qu'un autre se ridiculise, pas question que ce soit vous. Vous ne perdez pas votre sang-froid parce que les choses vont de travers.

Mais c'est là que le problème commence : réprimer la colère. Vous pensez que c'est un signe de puissance, de maîtrise. Retenir vos frustrations à l'intérieur vous empêche d'avoir l'air d'un fou. Il vous semble que retenir ou camoufler sa colère permet :

– De rester calme et maître de soi.
– De paraître fort et compétent.
– D'éviter conflit, critique ou rejet.
– De ne pas avoir l'air vulnérable ni aussi *mauvais* que les autres.

Impossible d'imaginer que quelque chose de bon puisse sortir d'une démonstration de colère. Mais il y a d'autres raisons qui vous font dissimuler votre colère derrière ces arguments : vous ne voulez pas vous mettre en colère car vous ne savez pas comment faire. C'est un extrême ou l'autre. Et vous vous sentez toujours coupable après un accès de colère.

Vous ne savez pas vous y prendre. Qui ignore comment piquer une colère ? Il semble qu'il n'y ait qu'à ouvrir la bouche et parler durement. C'est aussi facile que ça – en fait beaucoup de gens le font naturellement et ne peuvent imaginer pourquoi les autres s'en offusquent. De même, vous avez peut-être grandi sans jamais entendre de disputes : vos parents ne se disputaient pas, vos grands-parents non plus. Vos frères et sœurs, si vous en avez, se disputaient rarement. C'était une maison paisible. Moins on en disait, mieux c'était. Bien sûr, vous saviez quand même si votre mère ou votre père étaient fâchés contre vous – qui ne le saurait pas ? Vous le sentiez dans l'atmosphère. Il n'y avait pas de mots, juste un sens : un sixième sens. Personne ne parlait avec colère. Alors vous le supposiez. Vous saviez que quelque chose n'allait pas et, de toute façon, au bout d'un moment les mots n'auraient rien changé.

Grandir dans une maison silencieuse vous a privé d'assister à des conflits. Vous n'avez jamais vu deux personnes en proie à la fureur, deux personnes échangeant leurs opinions, perdant leur sang-froid et émotionnellement bouleversées. Rien de tout ça n'arrivait. Ni à l'époque, ni vraisemblablement maintenant. Ainsi, vous ne savez pas à quoi ressemble la colère ; même si vous l'avez ressentie – en sachant que c'était de la colère – vous ne connaissez qu'une manière de faire avec : la rentrer, comme vos parents et toute votre famille. Voilà ce qui semble normal.

Sinon, il faut prendre garde. Ces sensations bizarres vous jettent dans la panique : « Oh ! mon Dieu, qu'est-ce que je ressens là ? » C'est de la colère, mais vous pensez peut-être qu'il s'agit d'autre chose – comme un rhume ou une dépression nerveuse. Vous n'avez pas l'habitude de sentir votre corps se crisper et se tendre ; vos muscles sont contractés, vos pensées tourbillonnent. Et vous pourriez croire que vous perdez la tête. C'est l'effondrement mental total, ou pire : vous êtes en train de devenir précocement sénile. « Maintenant, c'est sûr, plus personne ne voudra de moi ! »

D'un extrême à l'autre. « Si je me mets en colère, attention, la note sera salée ! » C'est ainsi que vous imaginez que vous allez réagir si vous prenez le risque de vous mettre en colère comme vous pensez que les autres le font. Et où avez-vous pris vos idées sur la colère si vous ne l'avez jamais éprouvée vous-même ? Pourquoi pas chez maman ou papa ou des amis proches, ou plus spécialement chez une petite amie ou un petit ami, ou votre conjoint ? Ils éclataient au moindre soupçon de conflit. Si c'est vraiment comme ça que ça se passe, la terre est en danger : « Si on m'embête, gare à l'explosion nucléaire ! » Vous allez sauter de l'absolue passivité à l'agression la plus ouverte. Rien à mi-chemin. C'est tout l'un ou tout l'autre. Pour vous, c'est la seule façon de se mettre en colère.

Bien sûr, vous ne supportez pas de voir vos parents, amis ou conjoint se mettre en colère comme ça, donc pas question de faire comme eux. Devenir aussi batailleur, perdre ainsi son contrôle, c'est trop effrayant. Alors vous vous mettez à l'abri. Vous réservez votre colère.

La culpabilité après la colère

Une autre raison de rentrer votre colère, c'est qu'ensuite elle vous fait vous détester. Vous commencez à enrager contre vous-même parce que vous avez transgressé l'interdit absolu ; vous avez brisé le commandement de vie qui dit : « Tu ne te mettras pas en colère contre tes voisins. » Vous avez pris la mauvaise pente sur une route à sens unique. Vous avez commis un péché mortel et maintenant il faut payer en vous condamnant vous-même pour une telle bêtise. Et voici quelques-uns des reproches que vous vous faites :

– Vous rejouez la scène de la colère encore et encore, dans votre tête, pour trouver comment vous auriez pu dire ou faire autrement.

– Vous vous refusez à vous-même une chose que vous aimez ou pour laquelle vous avez travaillé dur, en punition de votre méchanceté.

– Vous vous faites du mal : vous buvez, vous fumez cigarettes ou marijuana, ou utilisez d'autres drogues, ou vous accomplissez une tâche pénible.

– Vous vous excusez auprès des gens que vous pensez avoir blessés ou vous en être fait des ennemis. Pas d'importance que ce soit de leur faute si vous vous êtes mis en colère, tout d'un coup vous êtes le seul à blâmer.

Les actes coupables vous conduisent à l'autopunition et vous pensez que c'est juste. C'est ainsi que procédaient vos parents ; il en est peut-être de même pour votre époux ou épouse, vos intimes ; il est donc normal que vous fassiez de même. Vous ne trouvez pas cela agréable pour autant et ne croyez pas, non plus, que ce soit la meilleure manière de faire face à un sentiment de honte. Mais cela ne fait rien. Vous avez bien l'intention de vous punir d'avoir agi comme un enfant récalcitrant.

Comment ne pas rentrer sa colère

Pas besoin d'un permis pour se mettre en colère. Vous n'avez pas à justifier pourquoi il est juste de se mettre en colère dans un cas et pas dans l'autre. Justifier sa colère, c'est la même chose que de la rentrer. Vous ne voulez pas l'étouffer, vous voulez qu'elle éclate. Il faut lui donner de l'air. Percez un trou dans l'étroite bulle qui enferme vos émotions et que la colère sorte.

1. Si vous vous sentez en colère, exprimez-la. Bien sûr, vous allez trébucher sur les mots, choisir les mauvais ou paraître idiot. Et alors ? Fiez-vous à vos mots. Laissez-les venir, sans les censurer.

2. Exprimez votre pensée (par la méthode D.E.S.C.) au moment où vous ressentez de la colère. N'attendez pas. Il n'y aura pas de meilleur moment que l'instant présent, même si vous trouvez cent bonnes raisons pour lesquelles l'instant présent n'est pas approprié. N'en tenez pas compte. C'est tout de suite. *Comment vous allez l'exprimer, voilà qui donne son bon droit à cette colère, quel qu'en soit le moment.*

3. Considérez la colère comme une nouvelle expérience. Si vous ne vous êtes jamais autorisé des sentiments de colère, acceptez le défi. Mais allez-y doucement. Osez la colère de diverses façons. Par exemple :

– Commencez par les paroles : prononcez des mots critiques, de désaccord ou de colère.

– Modifiez l'inflexion de votre voix : montez, descendez ou adoptez un ton qui s'élève lentement, pas à pas.

– Laissez la tension envahir votre corps. Un peu de tension est bénéfique, trop de tension vous donnerait envie de hurler.

– Regardez l'autre personne, droit dans les yeux.

– Restez *dans* la situation.

4. Une fois sur votre lancée, continuez. Ne tentez pas anxieusement de revenir en arrière dans l'espoir de vous réconcilier avec l'autre avant qu'il ne soit trop tard. Aucun doute, c'est un sentiment affreux. Mais laissez faire. Eloignez-vous après avoir exprimé votre colère. Attendez un quart d'heure ou une demi-heure. Vous serez surpris. La personne contre laquelle vous étiez en colère peut parfaitement venir vers vous pour tenter d'arranger les choses.

d) Se protéger de la dépression

Vous ne supportez pas qu'on vous traite d'optimiste béat ? Avez-vous toujours l'air insouciant ? Votre visage arbore-t-il toujours un large sourire ? Le monde pourrait être investi par des reptiles géants sans que vous cessiez de sourire – vous continueriez à sourire et à garder votre air optimiste. Pourquoi cela ? Ce n'est pas que vous pensez vraiment que les choses sont pour le mieux dans le meilleur des mondes. Ce n'est pas que vous oubliez les problèmes de l'humanité, ni vos propres problèmes, ni les grandes crises de l'existence. Non, vous êtes parfaitement au courant. Malheureusement, vous ne l'êtes que trop. C'est même pour cela que vous souriez. Vous souriez pour remonter le moral des autres, et vous espérez qu'ils vous en aimeront davantage.

Cette approche souriante du « Mais, ça ne va pas si mal » a une autre fonction. Elle vous protège de la dépression. Vous ne supportez pas d'être déprimé. Vous ne vous laisserez pas déprimer. Vous ne pouvez pas vous le permettre, sur le plan émotionnel.

Pourquoi pas ? Vous laisser aller à être triste ou légèrement déprimé vous écarte de la mission dont vous vous sentez chargé. Votre but, dans la vie, c'est de rendre les autres heureux et de ne pas les laisser s'effondrer, à tout prix. Vous feriez n'importe quoi pour que toutes choses restent légères et heureuses, pour que les âmes dans le doute se remplissent d'espoir, pour sortir les autres de leurs idées noires et les remettre sur pied. Ça, ce serait bien. Mais cette mission pose un problème : comment se sentir éternellement heureux et suffisamment énergique pour la mener à bien ?

Impossible. Il n'y a pas moyen. Et si vous pensez y être parvenu, vous avez tort. Ce n'est qu'un trucage et il y a longtemps que vous êtes dans l'illusion. Votre visage n'arbore qu'un sourire forcé. Vous n'avez pas toujours envie de sourire. Vous ne voulez pas toujours rendre les gens heureux. Mais vous vous y sentez contraint : vous le faites pour éviter de vous sentir coupable. Vous vous jugeriez mal si vous abandonniez votre croisade pour vous autoriser un « Ça m'est égal ». La culpabilité vous dévorerait tout cru.

La culpabilité vous ronge aussi parce que vous pensez qu'il est défendu d'être égoïste. Vous ne vous sentez pas le droit d'être malade, triste, fatigué ni de faire quoi que ce soit qui ralentisse votre rythme trépidant. Les autres oui, vous non. Vos craintes sont à peu près les suivantes :

Si je me laisse aller à être triste ou fatigué...

– Qui va s'occuper de la maison, qui va gérer le budget ?

– Qui va s'occuper de ma femme ou de mon mari ?

– Qui va s'occuper de mes enfants ?

– Qui va donner un coup de main à l'église ou à la synagogue ?

– Qui va veiller à ce que tout soit fait ?

Personne, bien sûr. Si ce n'est vous, vous êtes certain que personne d'autre n'est capable – ou désireux – de se proposer pour faire ce qui est à faire. Peut-être que cela vient d'une expérience où vous avez été malade ou avez eu le cafard et où on attendait de vous que vous conserviez cette image du « Je m'occupe de tout » ? Peut-être empêchez-vous les autres de vous aider lorsque vous vous sentez triste, las ou malade ; vous ne voulez pas qu'ils fassent des choses qu'ils ne savent pas faire. Ils vont tout faire de travers et vous aurez encore plus de travail par la suite. Quelle qu'en soit la raison, vous refusez d'être déprimé.

Comment ne pas se protéger de la dépression

Vous ne pouvez pas passer votre vie entière en prétendant que la dépression n'existe pas. Nous avons tous des moments de tristesse, vous ne faites pas exception. Vous pensez peut-être que vous êtes un martyr, que cela vous élève au-dessus de la tristesse et du désespoir et vous conserve votre énergie. Mais c'est un mensonge. Et il est temps de dire la vérité. Alors…

1. Si quelque chose vous attriste, dites-le aussitôt : « Ça m'attriste que tu… » N'enjolivez pas les mots. Qu'ils vous sortent tout droit du cœur.
2. Ecoutez votre corps. S'il veut ralentir le rythme parce que vous vous sentez fatigué, triste ou malade, suivez-le. Expliquez-le aux autres et faites-le. C'est une chose de dire : « Je vais m'allonger » et une autre chose de le faire vraiment. Exécutez tout ce que vous promettez. Une fois que vous l'aurez fait, ils sauront que vous ne plaisantez pas.
3. Laissez les autres gens (amis, famille, conjoint) vous aider quand vous avez une baisse de régime. Ce n'est pas abuser d'eux. Ce n'est pas se débarrasser de ses responsabilités. Cela ne détruira pas leur image positive de vous, mais leur montrera que vous méritez des égards.
4. Acceptez que des choses qui *devraient* être faites ne soient pas faites. Cela ne vous tuera pas, ne causera pas de gros dégâts. Dans les familles ou les relations où il n'y a pas

d'aide, que toutes les choses que vous avez l'habitude de faire attendent, laissez-les en attente. Ne les faites plus. Résistez, même si votre famille, votre mari ou femme commencent à vous accuser de paresser ou de ne pas remplir vos devoirs. En « ne remplissant pas vos devoirs », vous les obligerez à avoir faim, à ne pas s'habiller et à vivre dans l'anarchie jusqu'à ce qu'ils se débrouillent. C'est la façon la plus rapide de faire changer l'attitude des gens. Rappelez-vous : les autres ne modifieront leur manière d'agir que si vous leur faites d'abord subir les inconvénients de la situation.

3. Partage du contrôle

Vous avez maintenant saisi le principe qui permet de lâcher le contrôle. Vous n'en aviez pas autant besoin que vous le pensiez. Ça n'était qu'une béquille et, de toute façon, ça ne marchait pas : les choses se retournaient toujours contre vous. Alors envoyez paître le contrôle. Le moment est venu de le partager et d'être sûr que les autres sont là pour vous si vous avez besoin d'eux. Mettez les gens à une place d'où ils ne puissent vous dire : « Désolé je ne veux pas t'aider », ou : « Eh ! tu fais ça si bien depuis si longtemps, pourquoi est-ce que j'irai m'en mêler maintenant ? » Vous leur apprendrez, dès le début, à être impliqué.

a) Obligez les autres à faire pour vous

Demandez délibérément à votre famille, vos amis, votre époux ou épouse de vous rendre service. Vos exigences varieront, bien sûr. Rien de trop important, rien de trop petit. Ne leur demandez pas de faire des choses qu'ils n'ont jamais faites ou dont ils n'ont aucune idée. N'allez pas vous imaginer : « Si j'y arrive, ils peuvent y arriver aussi ! » C'est faux. Vous faites bien trop de choses dont ils n'ont pas la moindre idée, qu'ils ne désirent pas faire, ou dont ils pensent que vous allez leur en vouloir s'ils le font mal. Utilisez les directives suivantes pour commencer :

Directives :

1. Demandez de faire ce qu'il ou elle connaît déjà plus ou moins ou accomplit déjà en partie. Restez avec cette personne pendant un jour ou deux pendant qu'elle accomplit cette tâche minimale. Puis augmentez l'ampleur de la tâche.

2. Demandez-lui de faire quelque chose de nouveau, parmi les tâches que vous accomplissez normalement pour les autres. Faites-en la démonstration pratique. Ne vous attendez pas à ce que tout soit compris dès la première fois, ni même la deuxième ou la troisième. Ne soyez pas trop exigeant. Faites taire vos critiques et conservez une patience à toute épreuve.

3. Suivez une nouvelle règle quand les gens font quelque chose à votre place : ce n'est ni la qualité, ni la quantité qui compte, mais l'effort. Cela peut paraître une piètre excuse devant leurs maladresses ou leurs oublis évidents, et alors... L'enjeu est ici bien plus important. L'objectif, c'est d'obtenir que ceux qui n'ont pas l'habitude de vous rendre service s'y mettent, ainsi vous pourrez partager le contrôle.

b) Laissez les autres agir à votre place

Vous pouvez, désormais, demander à votre famille, vos amis et votre conjoint de vous rendre des services. C'est une bonne nouvelle. Vous avez l'impression d'avoir gardé le contrôle parce que vous avez pris l'initiative de la demande. Mais qu'en est-il si vous n'êtes pas à l'origine de cette demande ? Que se passe-t-il si ces gens se mettent à vous étonner ? Et s'ils prennent l'initiative de faire des choses pour vous, sans que vous ayez à le leur rappeler ?

« Je vais me sentir comme une inutilité impuissante dont il faut prendre soin ! » C'est vrai. Vous aurez l'impression qu'on vous traite comme un invalide. Vous en ressentirez de la colère, du ressentiment et l'impression de vous faire avoir ; ils doivent avoir une idée derrière la tête. Vous reniflez des motivations secrètes tout autour de vous : « Personne ne ferait tout ça pour moi de lui-même. Où est le piège ? »

Et s'il n'y avait pas de piège ? Le danger, c'est que vous cherchiez des intentions secrètes jusqu'à en trouver une. Le problème, c'est que celle que vous allez découvrir peut n'exister que dans votre tête. Aucune de ces personnes n'en a créé. Aucune n'agit en fonction de ça. En fait, elles en sont bien loin. Alors, si c'est vrai, c'est que c'est vous qui l'avez forgée. Cet aspect malsain vient de vous ; cela s'appelle être pris au piège. Vous vous êtes prouvé à vous-même qu'ils sont malhonnêtes et trouvé conforté dans l'idée que personne n'a vraiment le désir de faire quelque chose pour vous.

En disqualifiant les efforts des autres vous ne faites qu'empêcher ce que vous désirez le plus. Vous pouvez battre en brèche ce « Je l'avais bien dit ! » coutumier en observant les directives suivantes :

Directives :

1. Remerciez les autres de tout ce qu'ils font. Ne leur dites pas qu'ils n'auront plus à le faire et ne leur promettez pas de leur rendre la pareille quand vous irez mieux. Contentez-vous d'un merci.

2. Acceptez les raisons qu'on vous donne de vous aider.

3. Invitez à faire encore davantage pour vous, après qu'on ait déjà fait une ou deux choses. Ne soyez pas timide ni modeste. Relevez la tête et demandez.

c) Limitez vos responsabilités

Ce que vous faites pour les autres est un indice de ce que vous êtes, même s'il ne devrait pas l'être. Vous rendez un service, vous êtes quelqu'un de bien. Vous en rendez deux, vous êtes encore mieux. Si vous en rendez trois, attention, on ne saura plus quoi faire de votre excellence. Vous allez illuminer toute la place. Du moins en théorie.

Dans la réalité il en va un peu différemment. On vous appréciera si vous faites une chose. Faites-en deux on vous sera reconnaissant. Faites-en trois et on attendra la quatrième. Faites-en beaucoup, tout le temps, et vous deviendrez un esclave. C'est alors que vous aurez l'impression d'être non pas un héros, mais un prisonnier. Qui vous êtes ne peut être fondé sur ce que vous faites ou combien vous en faites. Ce n'est pas la bonne jauge : elle est biaisée, elle vous coule et vous ne gagnerez jamais rien en la considérant comme valable. La solution se trouve dans une limitation de ce que vous faites pour les autres. Limitez votre responsabilité à ce que vous :

– voulez faire ;
– pouvez partager avec d'autres ;
– ou devez faire pour vous-même.

Ce *devez* peut vous amener des problèmes. Il est facile de transformer tout ce que vous n'êtes pas vraiment censé faire en un «Je dois le faire». Vous vous obligez, tout simplement à le faire, par sentiment de culpabilité. Mais rien ne vous y oblige. Arrêtez d'être un permanent je-fais-tout-pour-les-autres en suivant les directives ci-dessous :

Directives :

1. Dites non si on vous demande de vous porter volontaire pour des projets additionnels.

2. Exigez d'être déchargé de certaines de vos actuelles responsabilités. Vous ne perdrez pas la face si vous êtes diplomate. Expliquez simplement que vous êtes trop occupé ou ne voulez plus les assumer. Vous avez le droit de changer d'avis.

3. Déléguez. Signifiez aux membres de votre famille que vous désirez qu'ils se chargent de certaines tâches de routine. Montrez-leur comment s'y prendre, accompagnez-les, mais assurez-vous que ce soient eux qui les accomplissent. Fixez des SI et des APRES pour les motiver. Les SI et les APRES positifs sont bien plus efficaces que les négatifs. Ainsi : «*Si* tu mets la table, *après* je m'assiérai, avec toi quelques minutes, pour regarder la télé.» Naturellement, assurez-vous de pouvoir tenir vos promesses, pour que vos SI et APRES soient pris au sérieux.

d) Laissez les autres trouver par eux-mêmes

Aller à la rescousse est aussi une forme de contrôle. C'est quelque chose que vous ne faites déjà plus. Vous avez déjà ôté votre combinaison de sauveteur et n'avez plus à vous jeter à l'eau pour sauver toutes les victimes de la noyade. Cela échoit à d'autres : soit la victime elle-même, soit une autre personne peuvent jouer le rôle de sauveteur. Retenez votre désir de mettre les gens à l'aise. Vous n'avez pas à le faire. Vous ne le ferez pas. Et vous ressentirez probablement les humiliants effets de cette « abstention coupable » pour vous être abstenu d'intervenir. Vous allez ressentir toutes les formes imaginables de culpabilité. Vous allez vous faire des reproches, en faire aux autres ; vous allez présenter des explications sur les raisons qui vous poussent à intervenir pour éteindre l'incendie dans la forêt pourquoi vous auriez dû l'éteindre.

« Mais retiens-toi, Fumeux, personne ne t'a rien demandé... Laisse le responsable du feu trouver lui-même l'extincteur ! »

Directives :

1. Quand vous entendez crier au secours (sauf en cas d'urgence ou de grande détresse, bien sûr !), ne jouez pas les super-héros. Comptez silencieusement jusqu'à 10, tout en restant fermement là où vous êtes. Ne bougez pas. Ne soyez pas volontaire pour « y aller... » Restez coi. Attendez deux choses :

– Attendez que la situation s'aggrave. Elle s'aggrave, puis s'arrange. Cela change très rapidement et il ne faut pas confondre la frustration croissante de la personne avec de la colère à votre encontre. Personne n'est fâché contre vous. Ne présupposez pas que cette personne soit en colère contre ce que vous avez fait, ou pas fait.

– Laissez quelqu'un d'autre s'en occuper, ou laissez la personne se débrouiller toute seule.

2. Si on vous demande directement : « Peux-tu m'aider ? », ne sautez pas sur l'occasion de bouter les ennuis hors du terrain. Encouragez l'autre à faire davantage d'efforts pour résoudre son problème. Il y a plusieurs façons d'y parvenir :

– Pousser cette personne à poser des questions sur son problème.

– Pousser cette personne à trouver des solutions.

– Féliciter cette personne d'avoir œuvré en vue d'une solution.

3. Laissez la personne faire des erreurs en chemin. Vous savez combien vous haïssez les erreurs et vous pensez probablement que les autres les détestent autant que vous. Peut-être est-ce vrai, mais ce n'est pas votre affaire. Permettez aux gens de marcher avec leurs propres jambes, c'est-à-dire de faire et dire des choses qui ne tiennent pas debout. Qu'ils se rendent ridicules, c'est un processus d'apprentissage. Ils détesteront peut-être, mais c'est du solide. Ils apprendront de l'expérience.

e) Soyez bavard

Une part du contrôle consiste à ne rien dire. Vous mettez les gens à l'aise en bornant vos commentaires à : « Ah ! bon » ou « C'est vraiment affreux ! » Vous hochez la tête, la détournez et secouez les épaules, mais vous taisez vos pensées. Ce n'est pas bon.

Habitude ou non, cela doit changer. Vous devez communiquer. Vous devez interrompre celui qui a la parole au milieu de ses phrases. Interrompez-le dès que vous avez une idée ou envie d'exprimer votre opinion sur un sujet. N'attendez pas. N'évaluez pas vos mots avant de les prononcer.

Participer à la conversation, c'est aussi partager le contrôle.

Directives :

1. Ecoutez ce qui se dit. Choisissez un point clé et donnez votre opinion à ce propos.

2. Induisez une réponse de l'autre en disant : « Eh bien ! Que pensez-vous de ce que je viens de dire ? »

3. Evitez de trop écouter. Répétez-vous encore et encore, pendant la conversation : « Ai-je exprimé mon opinion ? » Voici une règle bonne à suivre : un commentaire par minute de conversation. Ce commentaire doit être original : pointage d'une erreur, désaccord ou clarification. Aucune déclaration destinée à faire plaisir à l'autre n'est autorisée.

f) Sachez écouter

Bien, changeons de cap. Voici la situation inverse. Disons que vous donnez sans cesse votre opinion. Non seulement vous interrompez, mais vous avez tendance à monopoliser la conversation. Cela vous paraît normal, il n'y a rien d'intentionnel. Si quelqu'un vous dit que vous parlez trop, cela vous offense profondément et vous vous taisez immédiatement. Ce n'est pas délibérément que vous parlez autant, ça c'est trouvé comme ça.

Alors, imaginez comme il vous sera difficile de vous mettre une muselière. Vous savez que vous devriez en dire moins, mais votre compulsion à diriger et orienter les gens est envahissante. C'est comme une envie de glace – c'est tout de suite ! C'est là que le bât blesse. Vous n'avez pas l'habitude de différer une satisfaction. Et personne ne vous a d'ailleurs jamais vu attendre.

Vous ne pouvez pas attendre. Vous avez l'impression que si vous ne donnez pas votre opinion dès le départ les autres ne vont pas vous aimer, qu'ils vont vous trouver incompétent ou vous rejeter totalement. Vous craignez également que les autres ne disent ou ne fassent des erreurs, et vous ne supporteriez pas de les voir se tromper et en pâtir par la suite.

Les autres ne peuvent pas attendre. Supposons que vous essayiez d'attendre, retardant délibérément le moment de donner votre opinion. Cela ne signifie pas que les autres vont vous laisser mettre le frein. La famille, les amis, l'époux ou l'épouse, accoutumés à vous voir prendre l'initiative, ne sont pas prêts à accepter que vous décrochiez. Ils ont l'habitude que vous les conduisiez jusqu'au bout du chemin, vers la lumière. Pourquoi aujourd'hui serait-il différent d'hier ? Cela ne sera pas, sauf à les décevoir.

Directives :

1. Lorsqu'on commence à vous entretenir d'une question, contentez-vous d'écouter. Hochez la tête de haut en bas si vous êtes d'accord, et de droite à gauche en cas de désaccord, mais ne dites rien.

2. Si l'instinct vous commande d'intervenir, mordez-vous les lèvres. Tenez votre langue une minute de plus. Ne gâchez pas le suspense. Ne donnez pas de réponse maintenant – peut-être pas du tout. Gardez-la pour vous.

3. Quand on vous demande : « Eh ! bien, qu'en pensez-vous ? », haussez les épaules et dites : « Ben, je ne sais pas... » Bien sûr, vous êtes pratiquement sûr de posséder la réponse et aimeriez la donner, mais faites comme si vous l'ignoriez.

Allons, dites ce que vous pensez à présent. Cet exercice vous pose problème, pas vrai ? Vous vous dites qu'il y a là quelque chose de contradictoire. Une fois on vous somme de parler à volonté et d'exprimer vos opinions puis, deux minutes plus tard on vous somme de vous retenir et de ne rien dire. Que se passe-t-il ?

Voici ce qui se passe : la règle générale c'est *allez-y et exprimez ce que vous pensez quand vous le voulez*. Mais si vous êtes de ces personnes qui parlent haut et fort, interviennent sans cesse, résolvent toujours les problèmes des autres et pensent que c'est leur devoir dans la vie, prenez en compte ce qui suit : votre règle générale est de *tenir votre langue au moment où vous sentez l'impulsion de parler*. Laissez aux autres davantage la parole.

g) Laissez la place de meneur

Etes-vous bien connu pour présider plusieurs groupes de bénévoles : les Restos du Cœur locaux, le Lions Club, le Rotary Club, la commission de parents d'élèves ou le catéchisme paroissial ?... Vous le citez et ça y est, vous en êtes responsable, c'est vrai ? Bien sûr, c'est vrai. C'est la seule façon dont vous pouvez vous porter volontaire. Laisser la tâche à quelqu'un d'autre vous paraîtrait comique. Ce serait risqué. Le risque, c'est que cette personne n'ait aucune idée de ce qu'il faut faire et que tout le projet tombe à l'eau. Et qui aura l'air d'un idiot parce que le groupe aura échoué à cause d'une mauvaise direction ? Vous, bien sûr. C'est du moins ce que vous pensez.

Vous insistez pour prendre la barre afin d'éviter les erreurs et empêcher que les autres ne nuisent à votre image. Vous ne supportez pas les fautes et avez peur de faire confiance à qui que ce soit. Alors vous ne faites pas confiance. Vous vous portez volontaire pour être président, organisateur, porte-parole ou leader. Si d'autres veulent la place, vous trouverez un moyen inhabituel de les dissuader, de les manipuler ou de tourner les événements de façon à devenir le capitaine du navire. C'est rusé et intelligent... et ça marche toujours.

Par exemple, vous pouvez proposer d'être l'adjoint du directeur. Mais vous en faites tellement pour le projet que les membres du groupe commencent à vous écouter vous, et non plus le dirigeant désigné. Ou vous pouvez commencer à médire du dirigeant dans son dos, soit auprès d'autres membres du groupe ou de membres plus élevés dans la hiérarchie de l'organisation. S'ils vous croient, vous aurez le poste parce que vous êtes en prise et l'autre, dites-vous, n'y « connaît rien ».

Mais, en fait, c'est vous qui n'y connaissez rien. Vous essayez d'inventer de bonnes raisons pour rester au sommet. C'est exactement ce qu'il ne faut pas faire si on veut lâcher le contrôle. Débarrassez-vous de cette soif de pouvoir en apprenant à être un membre de base, pour changer.

Directives :

1. Déclinez toute offre d'être responsable d'un groupe. Contentez-vous d'être un participant parmi les autres.

2. Si vous percevez ce qui devrait être fait, taisez vos opinions. Laissez le leader ou les autres membres trouver la solution. Ils y parviendront bien assez tôt si vous leur en laissez le temps. Vous n'aimerez peut-être pas leurs solutions, et alors ? Laissez-les les mettre en pratique, sauf si elles impliquent quelque élément qui vous soit personnellement désagréable. Mais ce ne sera vraisemblablement pas le cas.

3. Faites-en aussi peu que possible, juste pour rester dans le coup. Vous êtes accoutumé à vous tuer d'efforts et de travail jusqu'à des heures tardives. Mais c'est fini. Au tour des autres. Cela vous semblera bizarre et terriblement égoïste.

Au début vous résisterez, pensant que les gens ont de vous l'image d'un travailleur acharné et que maintenant vous manquez à tous vos devoirs. « Mon Dieu, cela va ruiner ma réputation à tout jamais ! »

Que votre réputation soit entamée ! C'est ce que vous voulez, de toute façon. Vous voulez qu'on commence à vous considérer comme un joueur de l'équipe, non plus comme un héros ou une héroïne. Vous n'avez plus envie d'être commandant en chef.

h) Pas de double ou de triple sécurité

Comme le proverbial éléphant, vous n'oubliez jamais rien. Vous ne pouvez pas vous permettre d'oublier. Il suffit d'une simple erreur par suite d'un oubli et tout le monde saura que vous avez gaffé. Et les gaffes font paraître incompétent, mais seulement quand il s'agit de vous. Comment réagissez-vous aux erreurs des autres personnes ? Comme pour les vôtres ? Pas très bien ?

Prévenir vos propres erreurs est une chose. Mais faire en sorte que les autres n'en commettent pas c'est aller bien trop loin. Votre souci pourrait même aller jusqu'à vous dire : « Si cette personne se trompe, elle pourrait m'en faire le reproche. » Voilà une double justification pour mettre votre grain de sel. Vous n'avez pas envie de donner prise à un « Je vous l'avais bien dit ! » Et voici une troisième justification : dans votre passé, les gens faisaient toujours la même erreur, vous êtes donc persuadé qu'il en sera de même à présent. Vous vous livrez donc à d'incessants rappels.

Rappels incessants. Vous voulez être doublement et triplement certain que les gens mettent bien les points sur les I et les barres aux T. Tout le monde devrait prévoir les obstacles qui peuvent se dresser sur le chemin qui mène au but et savoir les écarter. Vous voulez que les gens connaissent parfaitement les bons chemins, les mauvais chemins et les chemins de traverse. Aucune exception n'est autorisée, pas d'aire de repos tolérée. Aucune souplesse. Elle ne peut exister. Vous n'avez pas été élevé dans la souplesse : toutes choses étaient rigides. La flexibilité, c'était pour les faibles ou pour ceux qui ne sont pas capables de maîtriser leurs actes ni de s'organiser. Mais pas pour vous ; vous vous dites organisé, capable de tout planifier et prêt à jurer qu'avec vous aux commandes tout irait bien.

C'est pourquoi vous émettez sans cesse des rappels. Vous rappelez même aux gens des choses dont vous savez fort bien qu'ils sont au courant. Par exemple, pendant dix ans votre mari s'est réveillé plus tôt que vous et vous a préparé le café. Nous sommes jeudi soir ; vous vous sentez fatiguée. De votre bouche sort le rappel : « Est-ce que tu me fais le café demain matin ? » Vous n'avez pas confiance qu'il le fera. Il vous semble impossible de croire que les choses se passeront comme d'habitude.

Voici un autre exemple : vous êtes en voyage avec votre femme et elle conduit. Vous la laissez choisir l'itinéraire, malgré votre meilleur jugement. Elle se perd. Vous adoptez une mauvaise attitude et vous vous énervez : « Qu'est-ce qui t'arrive ? Tu n'as donc pas repéré les routes avant de partir, pour savoir où tu allais ? Si c'était moi qui avais prévu l'itinéraire, nous ne serions pas dans le pétrin ! » La vérité, c'est qu'en fait vous détestez faire ça parce que vous auriez, sans doute, fait les mêmes erreurs que votre femme.

En bref, voici les raisons pour lesquelles vous avez toujours un conseil à rappeler aux autres :

– Vous n'avez pas l'habitude que les choses se passent couramment comme prévu. Vous vous attendez à ce qu'elles se produisent au petit bonheur la chance et au moment où vous vous attendez le moins à un changement. Cela vous a pris au dépourvu par le passé et vous a causé grande honte.

– Vous vous attendez toujours à ce que l'autre fasse une bêtise, ou une faute, qui va vous mettre dans l'embarras ou vous faire honte.

– Vous vous attendez à ce que l'autre oublie et que ce soit à vous de réparer son oubli.

– Vous ne supportez pas de voir quelqu'un se tromper. Vous détestez quand cela vous arrive, et encore davantage quand cela arrive à d'autres. Vous allez jusqu'à vous reprocher les erreurs d'autrui.

– Vos parents vous critiquaient beaucoup et vous rappelaient tout le temps ce que vous aviez à faire, alors vous pensez que c'est normal – même un mouvement d'amour, une chose pourtant toute naturelle dans une relation.

Y a-t-il moyen de cesser d'émettre ces rappels incessants ? Pouvez-vous apprendre à faire confiance à vos amis, votre famille, votre conjoint ? Oui, mais ce n'est pas facile ; pas parce qu'ils ne la méritent pas, mais parce que vos habitudes profondément installées vous contraignent à corriger, surcorriger et défaillir à l'idée qu'une erreur puisse se produire. Cependant, voici ce que vous pouvez faire quand vous sentez que vous allez vous en mêler :

Directives :

1. Posez-vous cette question : « Est-ce que cette personne est déjà au courant ? L'ai-je déjà entendue ou vue faire ce que je voulais lui rappeler ? » Si c'est le cas, ne dites rien. Comme ça, si elle fait un oubli ou commet une erreur, elle s'en débrouillera elle-même.

2. Demandez-vous si cette personne a vraiment commis un crime abominable en oubliant quelque chose ou en commettant cette faute ? Probablement pas. Laissez-la faire la correction d'elle-même. Vos remontrances ne serviront à rien, sauf à la mettre encore plus en colère.

3. Dites-vous : « Laisse faire. » Essayez de faire confiance. Peut-être avez-vous l'impression que ça va mal tourner. Ou bien, vous vous sentez intérieurement angoissé de garder vos pensées pour vous. Il n'y a pas de mal à exprimer cette frustration comme une prise de conscience. Dites, par exemple : « Tu sais, j'ai vraiment peur, au fond, de ce que tu vas faire, mais je te laisse faire quand même. » L'autre l'acceptera beaucoup mieux. Entendre votre sentiment, c'est bien mieux que d'entendre vos critiques.

i) Trouver moyen de ne rien faire

Voilà qui est plus difficile. Vous avez l'impression qu'être sans cesse en action vous permet d'exercer votre contrôle. Vous pourriez empêcher les choses d'aller mal si, en étant partout à la fois, vous tournicotez dans tous les sens : vous nettoyez la maison, vous chantez à la chorale, vous faites vos huit heures de travail... Vous ne savez pas comment vous y parvenez, mais vous avez encore le temps d'appeler vos amis le soir. Votre vie est un affairement incessant.

Oui, vous allez et venez sans cesse. Mais pourquoi ? Pourquoi êtes-vous toujours debout ? Voici pourquoi : vous ne voulez pas vous asseoir, vous ne voulez pas vous arrêter. On vous taxerait de paresse. Vous seriez comme impuissant. Vous deviendriez la cible des reproches de ceux qui ne supportent pas de vous voir vous détendre. Donc, votre activité ne vous garantit pas vraiment le contrôle de la situation ; en fait, vous fuyez éperdument. Vous avez bien trop peur pour passer un moment à regarder la télévision et vous êtes trop anxieux pour n'accomplir que la moitié de vos projets quotidiens. Vous ne pouvez vous imaginer réduire la vitesse.

Rompez ce cercle vicieux.

Directives :

1. Si vous ne travaillez pas, réservez une heure à la mi-journée pour vous asseoir devant la télévision et vous détendre. Bien sûr, vous allez vous sentir coupable et absolument inutile. Il faut vous y attendre. Si vous vous sentez nerveux rien qu'à l'idée et encore davantage quand vous essayez, *c'est que c'est bon pour vous.* Laissez-vous aller à un retrait naturellement coupable. Si vous avez un emploi, observez la pause du matin, celle du midi et celle de l'après-midi. La loi vous les octroie.

2. Tâchez de ralentir le rythme. Imaginez que vous marchez sur la pointe des pieds autour de quelqu'un qui essaie de dormir. Des mouvements lents, plus doux, remplacent des mouvements brusques, rapides.

3. Tous les soirs, isolez-vous pendant une heure pour faire quelque chose qui vous apporte une détente personnelle : lire un livre ou regarder la télévision. Soyez attentif à ne pas vous activer tout en vous « reposant ». Pas de tricot en regardant la télévision ; pas de conversation avec des collègues de travail au téléphone tout en grignotant. Bornez-vous à cette seule et individuelle activité. Aucune distraction extérieure n'est permise.

Le besoin de contrôle décroît progressivement quand on tente délibérément de rompre ses chaînes. Mais ces chaînes existent depuis fort longtemps et sont parfois comme une seconde peau. On ne s'en aperçoit même pas. C'est pourquoi il faut aller à l'encontre de ce qui vous paraît si naturel. Mettez en œuvre les directives de ce chapitre et cette étape n° 8 vous permettra de respirer.

ETAPE N° 9

Ne vous laissez plus blesser par les autres

Je pleure si facilement,
Et je ne sais pourquoi.
Quand il a mal à l'estomac,
Je tremble,
Quand il se sent mal
Je me sens triste,
Et tout ce que je désire, c'est pleurer.

VOTRE PLUS GRAND DON est aussi votre pire ennemi : être trop sensible. Vous êtes sensible à tout. C'est comme avoir des antennes de satellite qui captent ce que ressentent les gens. Vous pouvez éprouver leurs sentiments, leurs expériences et savoir exactement ce qu'une personne est en train d'endurer. Vous *devenez* cette personne. Tout cela parce que vous êtes un récepteur à ondes courtes de sentiments humains. Vous entendez les cris d'appel au secours qui proviennent du lointain. Vous vous mettez sur écoute, vous déchiffrez les signaux de détresse et intervenez dans les malheurs des autres comme si c'étaient les vôtres. Vous le faites naturellement sans réfléchir deux fois. C'est pourquoi c'est un don.

Il devient votre ennemi quand vous écoutez des gens qui abusent de vous. Des personnes qui sont sur la bande réceptrice de la radio à ondes courtes adorent vous voir déchiffrer leurs messages. Elles sentent qu'elles peuvent y aller. Donc vous, vous mordez à l'hameçon, vous décodez leurs messages un à un en les passant au peigne fin. Vous déployez beaucoup d'efforts à décoder le message dont vous semblez connaître le messager. Vous ressentez ce qu'il ressent. Vous avez mal pour lui et vous voulez soulager sa peine – de cette manière vous pouvez vous soulager de votre peine. Mais ce n'est pas de la peine que vous ressentez, sinon de la culpabilité. Vous vous sentez coupable parce que vous n'aidez pas à soulager la douleur de quelqu'un qui souffre.

L'étape n° 9 va vous aider à combattre ce type inhabituel de culpabilité. Vous avez besoin de vous sentir désolé pour les autres, et cette nécessité prend naissance dans votre propre sentiment de honte et de culpabilité. Tout commence par un simple problème : vous ne pouvez supporter de voir quelqu'un souffrir. Cela vous dérange énormément. Vous êtes persuadé que les gens sont naturellement bons et que personne ne mérite de souffrir. Cette douleur vous rappelle la terrible douleur que vous avez éprouvée enfant. Et en aucun cas vous ne voulez ressentir une douleur identique.

Comment mettre fin à cette compulsion à prendre en charge les souffrances d'autrui ? Devez-vous annihiler en vous tout sentiment de compassion ? N'est-ce pas une bonne chose que d'être un peu compatissant ? Bien sûr que c'est bien. L'astuce, c'est de savoir faire l'équilibre entre une *dose saine* de compassion et une compassion *compulsive.* C'est ce que vous allez apprendre à faire dans ce chapitre. Donc, mettez-vous au travail.

1. Se sentir désolé résulte d'un sentiment de peur

Vous venez d'apprendre la mort de la tante d'un ami. La mort de qui que ce soit vous ennuie. Vous n'aimez pas parler de mort, le sujet tout entier vous rend nerveux. Et parce qu'il s'agit du décès de la tante de votre ami, vous vous sentez pire encore. Vous lui envoyez vos condoléances. Vous appelez votre ami pour proposer vos services, pour aider la famille. Vous prenez même un congé sur votre temps de travail, qui est précieux, pour assister aux funérailles – et vous ne connaissez même pas cette tante. Mais cela ne fait rien. Vous connaissez votre ami et vous n'aimez pas qu'il soit dans la peine.

Pourquoi ceci ? Pourquoi vous sentir affecté de voir les autres endurer des épreuves et souffrir ? Attirez-vous la douleur ? Recherchez-vous chez autrui la souffrance pour graviter autour comme un aimant ? Non, bien sûr que non. C'est pourquoi nous sommes tous interloqués aussi quand nous apprenons de bonnes nouvelles. Cela importe peu que vous voyez la naissance de votre nièce ou la mort d'un animal dans le journal : vous avez les larmes aux yeux. Que se passe-t-il ? C'est la peur qui vous fait vous sentir bien ou mal. Pas une peur qui ressemblerait à une phobie, mais une peur tout à fait différente. Une peur qui vous fait :

– *Vous souvenir des mauvaises choses* qui vous sont arrivées : vous avez horreur de voir les gens ou les animaux éprouver de la tristesse.

– *Vous sentir impuissant* face à la cruauté du monde. Vous vous percevez comme une victime de la même façon que la personne qui souffre l'est.

– *Vous sentir triste* parce quelque chose d'heureux est survenu. Vous avez l'impression que cela ne durera pas : très vite les événements désastreux et préjudiciables remplaceront les bonnes nouvelles. Vous devenez pessimiste. Par exemple, assister à la naissance d'un faon va vous chagriner parce que vous craignez que quelque chasseur ne le tue avant qu'il ne devienne un cerf adulte.

– *Ressentir de l'envie* parce qu'il ne vous est jamais arrivé une chose si heureuse. Par exemple, vous enviez des enfants en train de s'amuser sur une balançoire. Pourquoi ? Parce que vos parents ne vous ont jamais acheté de balançoire. Ils n'ont jamais rendu votre enfance si heureuse. Ou, s'ils l'ont fait, quelque chose a gâché la partie de plaisir.

D'autres types de peur interfèrent avec le fait de se sentir désolé pour les gens. En voici quelques-unes et la manière de les combattre :

La peur de ne pas se sentir aimé

Vous êtes mobilisé par les émotions de votre entourage pour vous sentir plus proche. En disant aux autres que vous éprouvez des sentiments à leur égard, vous vous assurez ainsi leur soutien et peut-être leur désir de vous voir plus souvent. Ils vous aiment parce que vous soulagez une partie de leurs peines.

Comment dire : « Il n'y a pas de problème ! » Il est tout à fait normal de risquer de ne pas être aimé en laissant une amie agoniser sur ses problèmes. Restez à l'écart de ses émotions, vous n'y étiez pas invité. Si vous y êtes, alors montrez-vous compatissant pendant un temps bref qui n'excédera pas quinze minutes. Au-delà de quinze minutes vous essayez déjà de vous fondre dans ces émotions. Il ne faut pas faire en sorte que cet habillage émotionnel vous aille. Il ne vous va pas et il ne vous ira pas à moins que vous ne travailliez dessus pendant des heures, l'ajustant à votre personnalité.

La peur de se sentir blessé à nouveau

Vous ne pouvez pas supporter la douleur. Vos souvenirs d'enfant vous donnent des frissons dans le dos. Tous les cris, les hurlements, les fessées, les conflits et le chaos, tout ceci vous revient à la mémoire comme si vous y étiez. Vous ne voulez pas garder ces souvenirs longtemps, ils vous bouleversent trop. C'est la raison pour laquelle vous ne pouvez pas supporter de voir les autres souffrir. Cela vous rappelle votre propre souffrance. Souffrance, peine ou mort : vous haïssez ces choses passionnément. Mais vous ne pouvez les ignorer, donc vous combattez ces pensées qui vous hantent avec la seule arme que vous possédez : la sensibilité. Vous vous imaginez que si vous pouviez intervenir et soulager la douleur d'autrui, vous ressentiriez moins de douleur.

Comment dire : « C'est normal ! » Qu'est-ce qui arrive si vous n'intervenez pas ? Pouvez-vous endurer de rejouer des souvenirs horribles et douloureux sans aider qui que ce soit ? Oui vous le pouvez. Vous n'avez aucune obligation de faire de cette personne votre tranquillisant personnel. Il est tout à fait possible de s'abstenir de partager vos malheurs avec une personne qui se trouve en souffrance. Il est tout à fait normal qu'elle endure sa peine et souffre seule. Quand vous le faites, soyez sûr de vous éloigner physiquement pour ne pas rester en train de la regarder et de vous demander si ce serait différent si vous disiez quelque chose.

La peur de vous haïr

Craindre d'avoir honte, c'est pire que tout. Vous avez peur d'être rejeté si vous ne montriez vis-à-vis d'autrui aucune préoccupation et vous vous sentiriez honteux de ne pas faire attention aux autres. Ce type de culpabilité est largement encouragé par de nombreuses religions et cultures qui poussent à faire pour les autres ce que vous devriez faire pour vous-même. Par exemple, les personnes élevées dans la religion catholique apprennent très tôt au catéchisme que se vanter et ignorer son prochain est source de péché, et les femmes de culture hispanique sont supposées faire la cuisine, le ménage et s'occuper des aînés jusqu'à ce qu'elles soient en âge de se marier ; leurs ambitions personnelles restent en attente par égard pour leurs parents.

Comment dire : « C'est normal ! » Est-ce normal d'aller à l'encontre de votre héritage culturel et religieux pour vous sentir en vie sur le plan émotionnel ? Bien sûr que oui parce que vous ne violez pas vraiment la religion ou la culture en soi. Vous êtes tout simplement en train de rejeter une de ses pratiques *implicites* – une pratique qui n'est pas écrite mais qui est généralement comprise par tous ses membres. Cela ne veut pas dire que vous êtes dans le péché ou que vous manquez de respect ; cela veut dire que vous évoluez avec votre époque. Au jour d'aujourd'hui, un grand nombre de ces coutumes et de ces pratiques ne s'accordent plus avec la vie telle que nous la connaissons. Nous vivons dans un monde égoïste et non pas dans un monde altruiste. Les hommes tout comme les femmes luttent pour leur carrière et ont des ambitions élevées. On peut toujours être loyal envers une culture et une religion si on adapte ses normes aux réalités de la vie moderne.

2. Absorber les sentiments

L'essentiel, cependant, réside en ceci : « Comment puis-je mettre un terme à l'absorption compulsive des sentiments des autres ? » Les méthodes utilisées pour se dégager de cette habitude vont vous paraître des plus factices. Vous allez dire que les méthodes employées ne semblent vraiment pas naturelles, et c'est tout à fait normal. Elles ne vous paraîtront pas naturelles parce qu'elles ne le sont pas. Jusqu'à maintenant vous n'aviez jamais réfréné vos sentiments, ou seulement pour un laps de temps très court parce que cela déclenche chez vous trop de culpabilité. Maintenant il est temps d'apprendre comment les gens parviennent à se montrer attentifs envers autrui sans pour autant éprouver une compassion démesurée.

Comment s'arrêter de pleurer quand les autres pleurent

Etape 1. Quand vous sentez que la tristesse – ou le bonheur – vous envahit, éloignez-vous de la personne, du lieu ou de l'objet pendant trois minutes. Ressaisissez-vous.

Etape 2. Détachez-vous en vous disant : « Cela appartient à cette personne, à cet endroit ou à cet objet. Cela ne m'appartient pas et n'a rien à voir avec moi. » Faites de la relaxation en essayant de relâcher la partie supérieure du corps pendant une minute ou deux.

Etape 3. Ne revenez que lorsque vous vous sentez calme. Regardez la personne, l'endroit ou l'objet en répétant l'étape n° 2. Si vous perdez votre flegme ou commencez à pleurer, répétez à nouveau ces trois étapes.

Etape 4. Résistez à l'envie de soulager la personne qui pleure. Laissez-la pleurer. Ce peut-être bon pour elle qu'elle pleure. Par exemple, il est normal de pleurer lors d'une inhumation. Pleurer fait partie d'un deuil naturel.

Comment vous arrêter de pleurer quand quelque chose de triste ou d'heureux survient

Après avoir essayé les étapes ci-dessus, essayez aussi celles-ci :

Etape 1. Quand vous sentez que vous allez avoir les larmes aux yeux, prenez du recul et dites-vous : « Ces choses arrivent dans la vie. Il est normal que de bonnes et mauvaises choses arrivent. Je n'en suis pas responsable. Dieu n'est pas responsable. Peut-être que personne n'est responsable. Tout simplement, cela arrive. »

Etape 2. Choisissez une conduite en totale opposition avec les pleurs, par exemple rire. Vous pouvez le faire, mais il est extrêmement difficile de rire et pleurer en même temps. Ou adoptez une autre conduite : posez des questions. Vous posez des questions quand vous vous mettez à réfléchir. Vous êtes curieux, en train d'inspecter et de résoudre des problèmes. Reprenons l'exemple des funérailles. Interrogez les parents de votre ami sur les circonstances de la mort de cette tante, s'il s'agissait d'une longue maladie par exemple. Il est tout à fait normal et sain de poser de telles questions ; cela vous empêche d'absorber la température émotionnelle de la pièce.

Etape 3. Dites-vous que vous avez fait du bon travail. C'est très important de le faire. N'écartez pas tout simplement ce point en disant que les gens sont supposés le faire ou qu'il serait temps de vous débrouiller seul. C'est absurde. Vous vous débattez avec vos émotions *maintenant* – c'est ce qui compte. Oubliez comment cela aurait dû être. Vivez dans ce que vous êtes en train de faire.

Comment arrêter de vivre à travers une autre personne

Vous avez un corps unique et séparé. Vous avez votre propre cœur, vos poumons, votre cerveau. Vous respirez et pensez comme personne d'autre. Vous n'avez jamais été et ne serez jamais une copie conforme de qui que ce soit. Donc, arrêtez de vivre par le biais d'autres gens. Cela s'appelle *canalisation* et ressemble à une forme spirituelle de canalisation.

Dans le film *Ghost,* par exemple, Whoopi Goldberg joue le rôle d'un psychiatre qui communique des messages émis par un esprit («Sam»). Elle était la seule à pouvoir entendre les messages et à les transmettre au monde des mortels.

Vous agissez comme un canalisateur en éprouvant ce que ressentent les autres et en les transmettant à votre propre monde. Contrairement au personnage de Whoopi Goldberg, vous ne laissez pas partir vos émotions canalisées pour reprendre votre vraie personnalité. A la place, vous vous retrouvez avec les émotions que vous venez d'éprouver au contact d'une autre personne et elles deviennent votre nouvelle identité émotionnelle.

Bien, peut-être que c'est ainsi – mais sans plus. Voyons les méthodes pour se débarrasser de cette identité émotionnelle. Vous voulez vous retrouver. Vous voulez penser et éprouver des sentiments pour vous-même et par vous-même. Vous ne pouvez accepter l'intrusion d'autres sentiments.

Etape 1. Dites-vous : «Ce sont leurs sentiments, non les miens.»

Etape 2. Restez en dehors de la situation qui fait que leurs émotions semblent vous attirer. Par exemple, si vous voyez votre fiancée heureuse, vous aussi vous vous sentez heureux et souhaitez faire quelque chose avec elle. Stop ! N'allez nulle part avec elle. Si vous le faites, vous allez vous trouver à sa traîne. Retardez d'au moins trente minutes l'envie de sortir avec elle. Pendant ce temps-là, demandez-vous ce que vous ressentez à propos de ce qui est en train de se passer. Faites-lui part de vos sentiments. Une fois que vous avez annoncé ce que vous ressentez, cela coupe automatiquement le cordon ombilical. Si vous décidez que vos sentiments sont différents, c'est bien ; suivez votre humeur. N'entreprenez rien avec quelqu'un qui se sent heureux uniquement parce que vous pensez que vous aussi, vous devriez être heureux.

Etape 3. Demandez à une autre personne de ressentir ce que vous éprouvez. Cela ressemble à de la psychologie à l'envers, mais ce n'en est vraiment pas. Vous pouvez rompre avec la routine dirigeant-dirigé en renversant les rôles. Vous devenez le leader et vous laissez l'autre être le suiveur. Demandez à ce nouveau suiveur qu'il souffre comme vous souffrez ou se sente heureux comme vous vous sentez heureux.

« Attends une minute ! C'est comme si j'étais en train de créer un canalisateur à partir de cette personne. Je ne veux pas faire ça, n'est-ce pas ? » Non, vous ne le faites pas, et vous ne le voulez pas. D'autres gens de nature moins émotive que vous peuvent tirer profit d'un mouvement de pouvoir de temps en temps. Ils ont besoin de construire leur sensibilité auprès des autres. Peu importe le degré d'affection qu'ils vous ont démontré à l'étape n° 3, soyez préparé à ce que cela ne dure pas longtemps. Tout comme vous travaillez avec acharnement pour ne plus vous montrer sensible, eux doivent travailler davantage pour devenir plus sensibles. C'est ironique, mais vrai.

Au fur et à mesure que votre conduite change, vos sentiments de votre propre valeur affective vont aussi changer. Souvenez-vous que celui que vous êtes ne peut se mesurer en fonction de votre degré d'empathie avec les autres. D'autres traits de la personnalité sont plus fiables que les sentiments. Vous aimer est l'un d'eux. Vous pouvez fêter votre renaissance d'un long sommeil – un sommeil qui a duré de nombreuses années. Maintenant vous êtes réveillé, vous vous sentez neuf et vous éprouvez uniquement ce qui vous appartient. Vous ne ressentez plus rien pour les autres. Pour le moins sans aucune attache. Quand d'autres personnes partagent vos sentiments, retournez-leur la faveur bien sûr.

ETAPE N° 10

Ne répétez plus vos échecs affectifs

« Personne ne m'aime,
Tout le monde me hait
Je m'en vais manger les vers... »
(Auteur anonyme ; autour de 1890).

SUIS-JE CAPABLE *d'apprendre de mes erreurs ? Comment puis-je me mettre dans le crâne que ce n'est pas le genre de personne qu'il me faut ?* Mais vous essayez encore. Vous voyez s'allumer tous les clignotants. Vous ressentez les mauvaises vibrations et vous endossez votre combinaison de protection. C'est du moins ce que vous croyez. Vous pensez en avoir terminé avec ce genre de relations houleuses. Mais non, vous vous y êtes encore brûlé. Et cette fois ça fait encore plus mal !

C'est souvent que vous vous brûlez les doigts dans une relation. Parfois jusqu'à trois fois et parfois même davantage. C'est un problème récurrent. Au début tout est formidable, mais cela ne dure pas. Bientôt les schémas familiers reviennent se glisser dans votre relation, vous piquant de leurs dards comme des guêpes. Même une fois cruellement piqué vous ne réagissez pas, vous ne laissez pas tomber assez vite. Vous voudriez, mais vous ne le faites pas.

Comment cela se fait-il ? Pourquoi reproduisez-vous ces relations pernicieuses ? Avec l'étape n° 10 vous allez vous écarter à 180 % de ce sentiment d'être une victime qui ne contrôle rien. C'est terminé. Maintenant vous avez le contrôle, un contrôle sain. Vous avez fait dix pas en avant. Vous êtes conscient de ce que les gens vous font, comment vous les laissez faire et pourquoi vous ne les laisserez plus jamais faire. Le soleil va emplir votre existence. Vous apercevez l'espoir et les promesses de l'avenir. Vous avancez dans une direction qui vous semble juste et qui l'*est*.

Mais pouvez-vous y parvenir tout seul ? La solitude est une coquille difficile à briser et vous venez à peine de la faire craquer. Il est naturel de chercher une compagne ou un compagnon. Vous avez besoin de quelqu'un qui vous aime et vous savez que vous donnerez beaucoup d'amour en retour. Alors, par où commencer ? Dans les bars, les groupes de célibataires ? Dans les activités à l'église ou à la synagogue ? Ou bien allez-vous publier une petite annonce ? Tout cela peut vous apporter des réponses. Les gens seuls existent, et ils cherchent la même chose que vous : amour, affection et loyauté. Le problème n'est pas toujours de trouver le bon partenaire, mais de reconnaître *quand* on l'a trouvé.

Bien des choses que vous allez lire maintenant vont vous paraître familières, certaines plus familières que d'autres. Mais une des réactions que vous aurez obligatoirement est la suivante : « Mais vous plaisantez ! » Il ne vous sera peut-être pas agréable de savoir que la personne avec laquelle vous êtes actuellement ou avec laquelle vous aimeriez avoir une relation est en réalité une « mauvaise affaire », une histoire négative pour vous. Vous pourriez ne pas apprécier que Monsieur Très-Bien ou Madame Parfaite aient toujours été dans les parages, et que vous avez ignoré cette personne car votre sentiment vous faisait peur. Vous découvrez maintenant que c'était un sentiment positif.

Ce que vous aimeriez posséder, c'est la certitude de savoir reconnaître les bonnes et les mauvaises relations. Ne pas avoir à attendre trois semaines, un mois ou un an pour connaître les résultats du laboratoire. Aujourd'hui tout doit se faire en vingt-quatre heures. Vous saurez le faire dès que vous pourrez déceler certaines caractéristiques. Ne creusez pas, ne cherchez pas dans le passé, ce n'est pas nécessaire. Tout vous est présenté très clairement, sur un plateau. Il suffit de vouloir regarder et de comprendre ce que l'on voit.

1. Ne vous contentez plus de relations « confortables »

Imaginons que vous rencontriez quelqu'un et ressentiez instantanément que vous l'avez connu toute votre vie ; vous ne pouvez pas croire à quel point vous êtes bien avec lui (ou elle). Rien que de lui parler vous donne des frissons partout. C'est tout de suite magique, comme si cela venait du paradis. « C'est étonnant, il aime tout ce que j'aime et nous sommes si semblables, je ne peux y croire ! »

Vous êtes piégé. Vous avez bu le même aphrodisiaque qui vous avait déjà drogué lors d'une précédente rencontre. Cette fois, cependant, vous sentez que c'est différent, cette fois c'est vraiment « la bonne ». Vous le savez, vous le sentez dans votre moelle épinière. Intérieurement vous êtes totalement certain que personne ne vous fera changer d'avis. Cela semble définitif « Ouais, je suis affirmative sur ce gars [cette fille], c'est la crème des crèmes ! »

En êtes-vous si sûr ? Etes-vous sûr à 100 % que cette personne est complètement différente de toutes les relations inadéquates auxquelles vous avez antérieurement échappé ? Mettons votre intuition à l'épreuve.

1. Faites la liste les particularités que vous aimez chez cette personne :

. . . .

. . . .

. . . .

. . . .

. . . .

. . . .

Cochez maintenant les OUI et les NON dans les questions suivantes :

2. Ces caractéristiques vous mettent-elles à l'aise ?

OUI ❒ NON ❒

3. Ces caractéristiques font-elles que vous l'aimez davantage ?

OUI ❒ NON ❒

4. Est-ce que ces caractéristiques font que vous pensez beaucoup à cette personne, peut-être même de façon obsédante ?

OUI ❒ NON ❒

5. Pensez-vous que cette personne a besoin de vous ?

OUI ❒ NON ❒

6. Admirez-vous la façon dont cette personne a traversé de mauvaises passes et a réussi à s'en sortir ?

OUI ❒ NON ❒

7. Cette personne vous fait-elle vous sentir jeune et joyeuse, ou bien fait-elle ressortir vos forces et vos talents cachés ?

OUI ❒ NON ❒

8. Cette personne vous laisse-t-elle parler la plupart du temps ?

OUI ❒ NON ❒

9. Aimez-vous écouter cette personne ?

OUI ❒ NON ❒

10. Passez-vous par-dessus des problèmes mineurs en vous disant que c'est bon d'être aimée à nouveau ?

OUI ❒ NON ❒

Voyons à présent les scores. Si vous avez coché huit OUI sur dix, vous allez droit vers le même genre de problèmes que vous avez connus dans le passé. Vous succombez aux mêmes paroles et aux mêmes actes et vous développez la même attitude qui minimise les choses, en disant : « Oh, ça va, tout le monde a des défauts ! » Vous êtes en train de laisser cette personne bâtir sa dépendance sur vous, ou alors vous devenez trop dépendant de cette personne. Que le pendule balance d'un côté ou de l'autre, quelqu'un va se faire avoir, bientôt.

Alors, arrêtez le pendule tout de suite. Commencez en vous souvenant du *principe du sentiment de confort.*

2. Principe du sentiment de confort

> ***Si je me sens parfaitement bien auprès d'une nouvelle personne – petit ami ou petite amie – et que j'entame une relation, cela veut dire que je fais des choses qui me sont familières. Et si elles me sont familières, c'est que je les ai déjà faites auparavant.***

Vous avez fait ou dit ces mêmes choses de nombreuses fois par le passé, et vos rapports ont échoué. Peut-être ne reconnaissez-vous pas ces comportements dans vos relations actuelles parce que vous avez, fort à propos, oublié qu'on vous a aussi fait la cour, tous les jours, au début de toutes les relations néfastes que vous avez nouées dans le passé. Tout ce dont vous vous souvenez c'est des mauvais jours, comme la plupart des gens. Mais *pensez-y* un moment :

– Mon dernier partenaire ne m'a-t-il pas déjà dit tout ça lors de notre première rencontre ?

– Mon dernier partenaire ne m'a-t-il pas acheté toutes ces choses lors de notre première rencontre ?

– Mon dernier partenaire ne m'a-t-il pas déjà promis tout ça lors de notre première rencontre ?

– Combien d'autres de ses caractéristiques sont-elles semblables à celles de mes partenaires précédents, lorsque je les ai rencontrés pour la première fois ?

Vous êtes vraiment à l'aise avec cette nouvelle personne, et de nombreuses choses, en elle, vous paraissent familières parce que vous êtes en train de reproduire beaucoup de choses semblables à celles que vous avez déjà faites avant. Mais rappelez-vous : vous les avez faites auparavant... et ça n'a pas marché !

« Non, attendez une minute. Ce n'est pas vrai. Ce type est vraiment différent. Il m'aime vraiment. Il s'intéresse vraiment à moi ! » C'est vrai. Il s'intéresse vraiment à vous, vous aime et fera des choses pour vous, comme tous les autres l'ont fait par le passé. Vous avez tout simplement envie, en cet instant, d'être aimée, de vous sentir désirée. Et vous n'allez pas abandonner si vite. Cet amour qui vous absorbe entièrement remplace votre solitude et vous met des œillères. Voilà ce qui se passe au moment où vous souriez béatement parce que vous croyez que tout se passe à la perfection. Malheureusement tout n'est pas parfait ; vous descendez la même pente, la même impasse une fois de plus !

3. Le piège de la séparation

Si vous n'entretenez pas de si bons rapports que ça et désirez vous en défaire, est-ce possible ? Probablement, mais le choix qui s'offre est bien attristant. Par exemple, vous pourriez mentir pour vous en sortir : « Je pense que j'ai besoin de plus d'espace. » Il s'agit d'un gros mensonge. Et mentir vous donne un sentiment de culpabilité car vous risquez de blesser l'autre personne. Alors, excluons le mensonge.

Deuxième option : pourquoi ne pas rencontrer une autre personne pendant que votre actuelle relation se poursuit ? Cela paraît sensé, au moins vous ne ferez pas de mal à votre partenaire, n'est-ce pas ? Totalement faux. Cela échouera également. Il n'y a pas de manière plus facile de se sortir d'une relation que de faire le sale boulot, c'est-à-dire de faire face. Vous n'avez qu'à dire à la personne concernée exactement ce que vous ressentez.

Mais nous sommes allés trop vite. Revenons en arrière pour un instant. Examinons pourquoi toutes les autres façons de mettre fin à une relation se retournent contre vous.

Maintenant je t'ai, mais je ne veux plus de toi !

Votre relation perd peut-être de sa vitesse de croisière et vous sentez qu'elle ne mène nulle part. Combler cette personne d'appels téléphoniques, de visites surprises, de cadeaux impulsifs et tenter de se rapprocher centimètre par centimètre du baiser fatidique, c'était très excitant mais ça ne l'est plus. Vous avez pris le benêt au piège. Vous avez remporté votre prix. Si l'amener dans votre lit pour une folle nuit de sexe était votre but, vous pouvez vous passer la brosse à reluire, c'est du travail bien fait. Capitaine, vous avez réussi. Bravo !

Votre conquête vous a pris des jours, des mois, peut-être même toute une année de dur et intensif labeur couplé à certaines stratégies. Ces stratégies ont été payantes et votre objectif est maintenant dépassé. Mais l'excitation de la conquête l'est aussi. Toute cette vitalité productrice d'adrénaline, créatrice de suspense est tarie. Vous ne voyez plus la personne du même œil. L'étincelle s'est éteinte. Vous avez perdu votre *désir* pour elle. Votre intérêt a disparu parce que vous ne vivez que pour faire du bien aux autres, pour les aider. Une fois le travail accompli, votre relation est terminée aussi. Et pour vous il est temps d'en changer.

Voici ce qu'il faut faire à la place.

Posez-vous les questions suivantes :

– Pourquoi ma relation me semble-t-elle au point mort ?
– Pourquoi est-ce que cette personne ne m'intéresse plus ?

Certaines réponses pourraient vous surprendre :

– Elle se débrouille toute seule et n'a plus besoin de moi.
– Elle est trop indépendante.
– Il est trop ennuyeux.
– Elle ne m'aide pas à grandir.

En substance, vous dites à cette personne soit qu'elle est « au point » et que votre rôle de soignant est achevé, soit que vos rapports stagnent. Vous êtes fatigué du « toujours les mêmes rengaines ». Ce n'est pas que cette personne soit ennuyeuse, car vous êtes attiré par les personnes ennuyeuses.

Soit elles constituent un plus grand défi, soit elles n'ont rien d'un défi. Selon ce qui vous rend la conquête plus aisée. Vous devez rompre ce cercle vicieux avant de vous engager envers qui que ce soit d'autre.

L'herbe est toujours plus verte ailleurs

Bien, ce n'est plus votre manière d'agir. Vous ne vous lancez pas dans un nouveau tournoi, une fois votre relation amorcée. Mais vous fantasmez certainement sur de nouvelles relations, n'est-ce pas ? La curiosité vous dévore. Vous vous demandez si les protagonistes des liaisons des gens de votre entourage s'amusent davantage que vous. Et ils sont nombreux dans cette catégorie : thérapeutes, frères et sœurs, beaux-parents, beaux-frères et belles-sœurs, cousins et meilleurs amis… « Oh ! je suis sûr qu'ils s'entendent bien mieux que nous ! » Vous comparez, point par point, leur relation et la vôtre :

– Voyons, il sort avec sa femme deux fois par semaine, alors que nous ne sortons qu'une fois par mois.

– Le jour de la Saint-Valentin il lui achète des fleurs ; mon mari, lui, pense que la Saint-Valentin c'est stupide.

– Ces gens-là font l'amour tous les jours. Nous, on doit s'estimer heureux si ça nous arrive une fois par quinzaine. Et encore, c'est pas terrible !

Le *jeu des comparaisons* devient obsédant. Vous mourez d'envie d'en savoir plus sur une certaine personne. Vous vous transformez en détective. Vous espionnez ses coups de téléphone personnels, passez près de son bureau et jetez un coup d'œil sur ce qu'il y a dessus. Vous lui tournez autour et l'écoutez vous dévoiler ses histoires personnelles. Tous les jours l'information se fait plus juteuse. Les données s'assemblent. Vous les notez dans votre banque de données intérieure, vous croyez chaque élément de ce qu'il prétend faire et comment il le fait.

Le véritable combat commence alors. Si votre propre monde n'est pas à la hauteur du sien, c'est que vous avez échoué. Mais vous ne voulez pas échouer parce que vous haïssez l'échec. Alors vous commencez à modeler et remodeler votre propre relation jusqu'à faire les mêmes choses que votre modèle. Si votre partenaire résiste, vous vous fâchez après lui ou elle. Si il (ou elle) y consent, tout est pour le mieux. Vous n'êtes pas amoureux, vous êtes en compétition. *Vous voulez gagner cette bataille.* Pourquoi ? Parce que faire aussi bien que l'autre implique que rien ne vous manque. Vous n'avez plus à être jaloux de son gazon parce que vous avez planté le même sur votre pelouse.

Vous ne supportez pas d'avoir l'impression de perdre en quoi que ce soit. Vous voulez la plus belle demeure, la meilleure voiture, le meilleur contrat... et personne ne pourra faire mieux. Parce que si quelqu'un fait mieux que vous, vous avez l'impression d'être floué. Et revoilà exactement l'affreux sentiment que vous éprouviez dans votre enfance, un sentiment dont vous aviez juré que jamais plus vous n'auriez à l'éprouver.

Il n'y a rien de mal à la compétition. C'est même très bien pour le squash ou le tennis... mais pas dans les rapports humains. Les relations ne sont pas un sport avec un unique champion. Vous n'améliorerez pas une relation en en surpassant une autre. C'est comme au jeu : il faut savoir s'arrêter.

Voici ce qu'il faut faire à la place :

– Tournez-vous vers votre partenaire et demandez-lui ce qu'il (ou elle) aime dans votre relation. Servez-vous de repères intérieurs pour déterminer ce dont cette relation souffre au lieu de chercher à vous guider sur celle des autres.

– Quand des idées de compétition deviennent obsédantes, écartez-les en faisant exactement le contraire de ce que vous vous sentez contraint de faire. Par exemple, vous désirez faire l'amour cinq fois par semaine, comme Catherine et Marc. Vous le faites déjà deux fois par semaine. Bien, changez de direction : vous allez maintenant suggérer une fois par semaine. Mettez délibérément vos désirs au défi.

– Cessez de ruser pour obtenir davantage d'informations sur sa vie. Mettez votre curiosité au repos. Quand la tentation monte, écartez-la. Vous n'en n'avez pas besoin et vous n'en voulez plus; elle ne fait que nourrir vos obsessions.

Confondre indépendance et abandon

Vous êtes loyal envers votre relation et vous êtes sûr que votre partenaire l'est aussi. Mais quelque chose continue à vous tracasser. Quelque chose a changé : il (ou elle) ne vous appelle plus aussi souvent; il (ou elle) ne passe plus autant de temps avec vous. Ou alors vous vivez maintenant dans un quartier et votre partenaire habite dans un autre, ou en dehors de la ville; la distance physique entre vous s'accroît. Vous ne pouvez plus vous précipiter chez lui (ou elle) pour une petite visite. C'est trop loin. Les appels téléphoniques longue distance sont trop chers. Votre partenaire s'éloigne de vous et vous vous sentez de plus en plus abandonné.

Prenons un exemple. Aurélie et David sont sortis ensemble pendant trois ans, alors qu'ils étaient étudiants. Ils se sont vus pratiquement tous les jours et ont passé de nombreuses nuits ensemble. La dernière année, Aurélie est partie dans un établissement en province. Ils ont poursuivi leur relation par téléphone et en se rendant visite tous les week-ends. Ils savaient tous les deux que cette séparation était une étape saine, maturante et pensaient que leur relation en deviendrait plus forte. Mais ils ont rompu. David a paniqué. Au bout de deux mois il a commencé à penser qu'Aurélie ne voulait pas vraiment de lui, qu'il perdait son amour. Aurélie a pensé que c'était absurde et David n'était pas d'accord. Il se sentait très mal; il n'avait plus personne pour s'occuper de lui, pour le remonter quand il se sentait abattu, et pour qu'il se sente un homme.

Alors David s'est mis à chercher une autre partenaire. Il a donné, en douce, rendez-vous à quelques filles; ce fut alors une explosion de joie : «Oh! là, là, je suis très bon!» qui lui permit de passer une excellente semaine. Mais cela tourna mal. Après chaque rendez-vous, il s'est senti de plus en plus déprimé, s'est haï lui-même car il trompa sa petite amie. Il lui téléphona pour l'accuser d'avoir des aventures et de ne pas l'aimer assez. Aurélie ne comprit toujours pas sur quelle planète il vivait. Par deux fois il rompit sa relation avec elle et par deux fois ils se raccommodèrent.

Le dilemme de David n'est pas simplement un problème propre aux hommes. La distance entre deux personnes, quelle qu'en soit la raison – travail, déménagement, ou agenda quotidien – les rend plus indépendants. Ils n'ont plus autant besoin l'un de l'autre, ne se désirent plus autant. Ils commencent à profiter de leur indépendance. Vous pouvez être d'accord en théorie : « Bien sûr, l'indépendance c'est bénéfique » mais, en pratique, vous pensez que cela sent mauvais, car vous ne la considérez pas comme de l'indépendance, mais comme un abandon.

Arracher votre cordon d'amour de la prise vous fait perdre votre courant énergétique. Vous vous sentez vidé, déprimé et honteux. La honte peut disparaître de différentes façons, mais pas en forçant votre partenaire à réaffirmer son amour. Cela ne fait que confirmer votre crainte que personne, en particulier votre partenaire, ne vous aime vraiment.

Essayez plutôt la démarche suivante :

– Accroissez encore la distance. Appelez moins souvent. Ecrivez moins souvent. Rendez-lui visite une fois toutes les deux ou trois semaines. Si votre emploi du temps est trop serré, décidez d'un moment par semaine pour être ensemble. C'est tout ce dont vous avez besoin. Votre objectif est d'encourager l'indépendance, pas de l'étouffer.

– Résistez à vos impulsions de rendez-vous-éclairs. Ils vous satisfont sur le moment, mais votre crise d'affection ou de gentillesse ne dure qu'un moment, puis elle se transforme en une vilaine et lourde culpabilité. Vous vous sentez honteux de votre trahison, honteux de votre vulnérabilité et honteux d'amener cette personne à vous abandonner.

Peur de laisser tomber le numéro 2

Supposons que cela vous soit impossible. Vous n'arrivez pas à mettre un terme à cette liaison secrète parce qu'elle va « trop bien ». Mais vous ne voulez pas blesser votre premier partenaire. Nuit après nuit vous vous torturez les méninges pour arriver à mener les deux relations de front. Vous aimez votre partenaire et feriez n'importe quoi pour lui. Mais vous aimez également cette nouvelle personne qui vous excite d'une façon que vous n'aviez jamais connue jusqu'alors. C'est peut-être le genre de rapports sexuels que vous avez ensemble, c'est peut-être sa façon de vous parler. Et cela vous procure exactement ce que vous recherchiez. « Comment pourrais-je laisser tomber ? »

Vous ne pouvez pas, du moins pas d'un claquement de doigt. C'est plus difficile que ça. Vous avez peur de laisser partir votre partenaire numéro 2. Ce dernier vous envoûte avec la magie de l'amour, et vous ne supportez pas qu'il disparaisse. Laisser cette relation vous glisser entre les doigts serait la pire des choses ; la peur paralysante du « Ça ne m'arrivera peut-être plus jamais » vous saisit. Ce sera fini pour toujours ; juste un lointain souvenir. Jamais vous ne vous en remettrez.

S'accrocher au partenaire numéro 2 soulage cette crainte. Vous avez peur de perdre le cocotier mais, en fait, vous ne l'avez jamais possédé. Tout ce que vous avez eu, c'est une forte injection de quelque chose qui paraissait très agréable en vous évitant de faire face directement au problème posé par votre partenaire. Vous essayiez de réparer une relation perturbée sans y toucher.

Aucune relation ne peut durer si vous jouez double jeu. Cela ne peut pas marcher. La loyauté est une route à double sens sans aucun détour. L'intrusion d'une autre personne vous détourne de ce chemin. Vous vous éloignez. Le détachement s'aggrave. Le fossé se creuse et vous ressentez de la pitié pour votre partenaire. Vous le considérez, à présent, comme une créature pitoyable : « Oh ! c'est triste pour lui ! » Vous regardez du haut de votre piédestal cette personne que vous avez aimé autrefois. Vous ne pouvez pas réparer votre première relation en vous accrochant aux deux partenaires à la fois.

Voici ce qu'il faut faire à la place :

1. Commencez par dire à votre numéro 2 qu'il est temps d'arrêter d'avoir des rapports sexuels. Cessez de le toucher, de l'embrasser, de l'étreindre et de lui témoigner des marques d'affection. Supprimez le « bonbon » du rapport physique. Faites, de ce point de vue, comme si vous étiez à la diète absolue. Pas de tricherie. Vous ne pouvez vous permettre de tricher. Un seul faux pas et vous retombez dans votre sentiment de sécurité factice.

2. Votre partenaire numéro 2 peut vous culpabiliser : « Minable, après tout ce que j'ai fait pour toi, ce que j'ai sacrifié pour toi, tu me dis maintenant que c'est terminé ? » Résistez à l'avalanche : « Si tu m'aimais réellement, tu dirais à l'autre de ficher le camp ! » Laissez passer ces obstacles. Ils ne servent à rien et vous n'allez pas tomber dans de vieilles chausse-trappes.

3. Faites un nouvel inventaire de votre premier partenaire. Cela ne signifie pas retomber à pieds joints dans une mauvaise relation. Reconsidérez seulement si vous prenez la bonne décision en mettant fin à vos rapports. Demandez-lui ce qu'il en pense et si vous pourriez faire tous les deux quelque chose pour améliorer la situation.

4. « Bien, très bien. C'est peut-être récupérable, dites-vous, mais dois-je lui dire que je l'ai trompé ? » A vous de juger. Certains experts pensent qu'il vaut mieux être honnête. D'autres disent que certains côtés de votre aventure peuvent vraiment aider à améliorer la situation entre vous et votre partenaire. Mais il y a un effet secondaire si on laisse sortir le chat du sac : cela s'appelle un *désastre.* En révélant votre secret, vous pouvez tuer votre relation à tout jamais. Si c'est ce que vous voulez, d'accord, allez-y et mettez les pieds dans le plat. Mais si vous essayez de raccommoder les choses, pensez-y à deux fois. Vous pourrez toujours expliquer, plus tard, que vous vous êtes senti déloyal et vouliez rompre cette relation, mais en toute honnêteté il vaut mieux savoir, d'abord, ce que l'autre en penserait. Vous aurez plus que son opinion. Vous aurez probablement un torrent de pensées honnêtes et

perspicaces au sujet de votre relation et de son avenir. Et c'est bien ainsi. Que demander de plus ?

Opérer une rupture nette

Vous est-il possible de dire tout simplement : « Au revoir. On se verra dans une autre vie » ? Cela semble facile ? Prononcer les mots devant la glace paraît tout simple. Vous dites juste ce qu'il en est : pas d'arêtes là-dedans. Vous gardez le front haut, vous êtes direct et honnête. C'est du moins votre intention. Vous en avez assez des acrobaties. Vous en avez assez d'imaginer des raisons pour lesquelles votre relation devrait perdurer. Vous savez que c'est terminé, et tout ce qui reste à faire c'est d'annoncer votre décision.

Alors qu'est-ce qui vous arrête ? La peur. La peur qu'il ne se mette à vous haïr. Peur qu'il ne soit bouleversé. Peur qu'il ne se haïsse lui-même. Peur qu'il ne vous voue instantanément aux gémonies. Submergé par la culpabilité, vous bredouillez, paraissez agité et vous cédez au dernier moment. Etre détesté est une chose, mais savoir qu'on va faire de la peine à quelqu'un ou que cette personne va se sentir abandonné, c'est impensable. Si quelqu'un vous faisait ça vous le détesteriez ; alors, pourquoi infliger cette torture à un autre ? Pourquoi ? Parce que dans la plupart des cas il faut apprendre à dire au revoir pour pouvoir bâtir des relations saines. En finir avec une relation est générateur d'indépendance. Vous réalisez que cette personne n'est plus là pour vous soutenir. Vous ne pouvez plus courir vers elle à tout instant. C'est fini, terminé ! Vous dépendez de vous-même.

Alors, rompez de façon nette. Inutile de passer des heures à répéter votre texte, mais vous pouvez, si vous voulez, structurer votre discours d'adieu en cinq étapes :

Etape 1. Dites-lui que vous voulez une conversation face à face, pas au téléphone, ni par courrier.

Etape 2. Une fois là, asseyez-vous près de votre partenaire en le regardant. Enumérez tout ce qui vous plaît en lui. Ne mentez pas. Soyez sincère. Souvenez-vous : ce sont ces qualités qui vous ont attiré initialement.

Etape 3. Tournez maintenant la conversation vers le sujet que vous avez en tête. Signalez tous vos problèmes, sans trop approfondir. Nommez-les simplement. Evitez l'analyse, vous n'êtes pas sa mère ni son thérapeute. Et peu importe à quel point vous vous souciez de lui, restez dans le sujet. Exposez les faits.

Etape 4. Soulignez comme il est difficile de traiter de ces problèmes. Expliquez-lui :

– «Je ne désire pas vraiment m'occuper de ça.»

– «Je ne sais pas bien comment m'y prendre.»

– «Je ressens que ces problèmes interfèrent avec ma progression personnelle et ma carrière.»

– «Je sens que nous évoluons dans deux directions différentes.»

– «Je trouve négatif le fait de rester ensemble juste pour avoir une compagnie.»

Etape 5. Vous avez dit ce que vous aviez à dire. Maintenant, rentrez chez vous. Il n'y a pas de raison de faire de ce dernier rendez-vous une soirée romantique. Pas de dernière flamme. Préservez votre dignité en vous excusant gentiment pour la situation et partez. Vous serez bien plus heureux si vous ne succombez pas à des messages intérieurs de honte vous suggérant de soigner ses sentiments blessés. Laissez-le souffrir. La douleur fait partie du changement.

4. Les pièges du rebondissement

La culpabilité est une terrible expérience à faire tout seul. Vous venez juste de rompre avec quelqu'un après plusieurs mois, plusieurs années, ou pire – après avoir investi la majeure partie de votre vie dans une relation. Et tout ça pourquoi ? Qu'est-ce que cela vous a rapporté : chagrin, peine de cœur ? Avez-vous appris à ne plus jamais faire confiance à votre partenaire ? Au début, sûr, c'est ce que vous pensez. Vous haïssez le sexe opposé. Vous vous y êtes brûlé les ailes. Et vous ne voulez plus faire d'expérience qui vous fasse vous sentir si démuni, si inférieur. Jamais plus !

Méfiez-vous-en comme d'un rhume. C'est affreux tant qu'il s'est emparé de votre corps. Vous n'arrivez plus à y voir clair. Vous ne marchez plus droit. Et tout ce que vous désirez, c'est vous cacher. Vous cacher de quiconque pourrait vous rappeler votre rhume. Mais, tout comme un rhume, la méfiance cède finalement le pas : soit elle disparaît avant même que soit accomplie la rupture avec votre partenaire, soit elle le fait un à deux mois après. Méfiez-vous des retours de la curiosité au moment où la solitude se faufile à nouveau dans votre existence. La solitude vous effraie, vous êtes perdu et vide. Soudain, vous paniquez. Vous vous interrogez ; est-ce que quelqu'un :

– Me trouvera de nouveau attirant ?
– Voudra encore se marier avec moi ?
– Acceptera encore mes habitudes ?

Une bouffée de nostalgie vous frappe entre les deux yeux. « Peut-être me suis-je trop précipité pour rompre avec mon partenaire... Peut-être aurions-nous dû réparer les dégâts ? » Alors vous soupesez l'idée de vous remettre ensemble. Vous pourriez même l'appeler une ou deux fois, faire un test pour voir comment il réagit. Vous bâtissez de fallacieux espoirs, non en vue d'une réconciliation, mais pour soulager votre sentiment de vacuité.

Et c'est la consternation ! Il n'a aucun intérêt à réparer votre relation. Vous avez l'impression d'être détruit, sans aucun moyen de repartir à zéro. Cette fois-ci, pas d'indice sur la manière de tout recommencer... Jusqu'à ce qu'une nouvelle personne entre dans votre vie.

Si vous êtes déjà sorti avec pendant votre mariage – ou votre liaison – la nouvelle personne est toujours là mais endosse un nouveau rôle. Si cette nouvelle personne est vraiment nouvelle, votre vie va entrer dans la « Quatrième dimension ». Vous vous engagez sur des chemins déjà parcourus. Le terme « rebondir » tire son nom de nombreux jeux, comme le basket-ball ou la pelote basque où on fait rebondir une balle à partir d'une surface stable pour la diriger et la faire entrer dans un objet. Elle ne reste pas à la même place. Elle est en constant mouvement. Vous êtes peut-être comme cette balle. Vous aviez une relation et maintenant vous rebondissez dans une autre, non parce que vous aimez réellement cette nouvelle personne, mais parce que cette nouvelle relation est un ricochet de l'ancienne.

Les relations rebondissent pour les nombreuses raisons exposées plus haut. On reste ensemble à cause de la honte et de la culpabilité qui l'accompagne. La culpabilité est une colle très forte : les quincailliers devraient la distribuer ! Elle consolide les relations même quand vous avez les plus sérieux doutes. Mais on s'en aperçoit trop tard. On se sent coincé, royalement, sans un jeton pour appeler au secours. Vous pouvez vous retrouver si profondément emberlificoté dans ce genre de relations, qu'il vous est devenu impossible d'en sortir, aussi fort que vous le tentiez. Vos efforts ne vous mènent nulle part. Pourquoi ?

La cause en est que vous poursuivez cette liaison pour de mauvaises raisons : par affection, par culpabilité, pour protéger l'autre et par discrétion.

Par affection

Les relations qui rebondissent avec une nouvelle personne durent parce que vous pouvez « vous nourrir de quelque chose » dont vous avez été privé pendant des années. Cela s'appelle *l'affection.* C'est bon. Cela semble bon. Et vous en voulez encore davantage. Vous êtes l'objet de beaucoup d'attention. La nouvelle personne vous écoute quand vous en avez besoin. Elle vous console et vous conseille. Mais ce n'est qu'un côté de la médaille. L'autre côté semble encore meilleur. C'est l'intimité que vous voulez vraiment : faire l'amour passionnément vous fait le cœur content, restaure votre confiance en vous, soulage votre solitude. Vous êtes à présent l'objet de toute l'attention qui vous a manqué, tant sur le plan physique qu'émotionnel.

Et cela crée une dépendance. Des doses quotidiennes d'étreintes, de baisers et de sexe sont parfois si agréables que vous ne voulez surtout pas les voir disparaître. Se dire :

«J'aime vraiment cette personne» peut n'être qu'une illusion. Vous tombez rapidement amoureux de ce que cette nouvelle personne fait pour vous. Vous réagissez selon l'offre et la demande. Vous avez besoin d'une forte dose d'amour physique, et cette nouvelle personne est justement là pour vous la fournir. C'est un arrangement parfait.

C'est du moins ce qu'il semble. Mais il n'existe pas de relations parfaites. Vous ne faites pas exception. L'attachement physique vous induit à penser que cette liaison possède une magie jamais ressentie auparavant. Vous êtes tombé sous le charme de l'affection. Il vous enlève le poids de la honte, du souvenir des mauvais jours et vous aide à surmonter la peur d'avoir à tout recommencer à nouveau.

Prenez garde aux signaux d'alarme suivants :

– Faire l'amour, chaque fois que vous voyez cette personne.

– Faire des activités qui tournent autour ou conduisent finalement à faire l'amour.

– Pensez de façon obsessionnelle à faire l'amour avec la nouvelle personne.

Rompez avec ces schémas de comportement inadéquats en suivant les directives suivantes :

1. Arrêtez de faire autant l'amour. Cela peut sembler bizarre, mais il faut le prendre à la lettre. Pour que votre relation ait quelque chance de survie, il faut diversifier les activités avec cette personne immédiatement. Faites autre chose. Parlez d'autre chose. Attendez quelques jours avant de refaire l'amour ensemble. Apprenez à profiter de sa compagnie sans vous étayer sur le bien-être physique.

2. Ne vous précipitez pas pour téléphoner ou envoyer un cadeau à votre nouvelle personne chaque fois que l'idée vous surgit à l'esprit. Subjectivement, cela ressemble à un geste de bienveillance; quelque chose que vous aimeriez que l'on fasse pour vous. Mais c'est vain; vous avez probablement suivi les mêmes impulsions et cela vous a mené à l'échec de votre précédente liaison. Alors, attendez plutôt la prochaine rencontre pour exprimer vos sentiments.

3. Demandez-vous : « Pourquoi ai-je besoin de l'affection de cette nouvelle personne ? » Débusquez dans votre vie toutes les tensions qui ont causé ce besoin. Sont-elles toujours là ? Proviennent-elles de la non-résolution d'une autre relation ? Est-ce un problème physique ? Pointez ce que vous en pensez, puis parlez-en à la nouvelle personne. Qu'elle devienne votre caisse de résonance. Demandez-lui son opinion plutôt que de soigner le problème à coup d'affection.

Pour éviter de se sentir honteux et de vouloir protéger l'autre

Voici une autre raison pour laquelle vous poursuivez une nouvelle relation : vous êtes peiné pour l'autre et avez peur de blesser ses sentiments. Pour éviter la honte, vous feriez n'importe quoi pour estomper l'impact de la blessure infligée. Supposons, par exemple, que vous désiriez vraiment sortir de cette répétition de vos relations, mais vous savez que cette rupture va plonger votre amant(e) dans la détresse. Vous allez reculer – non parce que vous ne croyez pas à ce que vous allez faire, mais parce que vous êtes effrayé que quelqu'un connaisse la douleur à cause de vous. Pour lui épargner ce chagrin, vous inventez des raisons irrationnelles pour continuer :

– « Eh bien, je ne connais pas encore bien cette personne. Je dois prendre le temps. »

– « Cette personne en a déjà vu beaucoup. Je ne veux pas lui causer davantage de peine. »

– « Il [ou elle] a vraiment de bons côtés. Je n'ai qu'à être plus patient. »

– « Mes critères sont trop élevés. Il [ou elle] est sans doute très bien. »

De telles raisons créent l'illusion que *vous êtes en faute.* Le blâme se porte sur vous afin d'épargner des reproches à l'autre et pour éviter qu'il ne soit triste. Protéger la nouvelle personne devient de plus en plus complexe au fur et à mesure que votre relation s'affirme. Au début c'était : « Je ne veux pas y mettre fin. » Maintenant c'est : « Il faut vraiment que je lui montre que je tiens à lui [à elle]. » En d'autres termes, la honte vous contraint à recoller les choses rien que pour avoir pensé que vous alliez causer du chagrin à l'autre. Le moindre désir exprimé par cette nouvelle personne devient un ordre. Les inconvénients qui s'ensuivent dans votre organisation personnelle deviennent de plus en plus fréquents. Un jour vous recevez un message sur votre bip avec son numéro de téléphone. Vous appelez immédiatement, pensant qu'il y a urgence. Mais non, il (ou elle)voulait juste dire bonjour. La fois suivante c'est plus qu'un simple bonjour. Maintenant il (ou elle) veut que vous veniez dîner. Mais vous avez déjà un autre projet pour le dîner ; enfin, vous aviez des projets. Vous changez ces projets pour l'arranger.

Les perturbations de votre vie se multiplient pour satisfaire tous les caprices de cette nouvelle personne. Vous vous faites du souci pour savoir quand il (ou elle) vous appellera la prochaine fois. Parfois vous débranchez votre téléphone et le laissez débranché. Parfois vous ne rappelez pas. Mais ces petits retards sont des manœuvres qui ne vous mènent nulle part. Quand les contacts téléphoniques ou les face à face reprendront, vous serez là, accourant pour faire plaisir à cette nouvelle personne.

Vous désiriez une nouvelle relation, pas une répétition de l'ancienne. Vous ne voulez plus dire toujours oui et rechercher sans cesse l'approbation.

Ce qu'il faut faire à la place :

– Demandez à la nouvelle personne d'être son propre secouriste. Vous n'êtes pas le pompier du coin. Votre devoir, dans la vie, c'est de vous occuper de vous d'abord. Et s'il vous reste du temps, vous pourrez peut-être aider votre nouvelle personne. Vous aurez l'impression d'être un égoïste, mais vous n'êtes pas plus égoïste que la personne en question. Faites contrepoids à son égoïsme et à son contrôle. Que vos propres besoins prennent la priorité, refusez d'être mobilisé par ses angoisses.

– Ensuite, n'hésitez pas à décevoir votre nouvelle personne et à être en désaccord avec elle. Préparez-vous au conflit.

Ayez des *mots* avec elle. Argumenter, à petite échelle, brise rapidement la glace. Vous constaterez également dans quelle mesure vous êtes, tous les deux, aptes à discuter. Si vous et votre nouvelle personne paniquez, considérez que c'en est fini de cette relation. Si vous parvenez tous les deux à traverser cette étape après avoir été directs et honnêtes, vous venez d'obtenir un mois de sursis. Il y aura encore d'autres évaluations à opérer.

Pour la discrétion

Le plus gros problème avec une relation qui ricoche est de savoir le moment où il faut la rendre publique. Les liaisons qui se développent durant le mariage sont naturellement tenues secrètes, mais il en est de même de celles qui se développent pendant une séparation ou juste après un divorce. Cette zone frontière dans le temps et l'espace, dans laquelle les émotions s'amplifient – que vous soyez du genre « panier » ou du genre « à la recherche du confort » – s'appelle *zone de vulnérabilité.* Dans cette zone vous ne savez plus si vous arrivez ou si vous partez ; vous vivez dans la plus grande confusion et vous ne vous aimez pas beaucoup. Annoncer au monde entier qu'il y a une autre personne dans votre vie est la dernière chose que vous allez faire. Cela vous vaudrait davantage de questions, de problèmes et de douleurs.

La discrétion permet à une relation de se maintenir. Vous vous cachez derrière un mur de silence tandis qu'un autre vous-même – le vous heureux – est à la fête. Vous ne pouvez pas parler aux autres de cette nouvelle personne à cause de la peur. Vous craignez que les gens...

– Ne pensent que c'est la raison pour laquelle vous avez mis fin à votre mariage ou liaison. Peu importe que votre ancien partenaire vous ait maltraité verbalement ou physiquement, ni que vous ayez toléré ses indiscrétions pendant vingt ans. « Tout le monde va connaître mon infidélité et penser que c'est pour ça que nous avons rompu. »

– Ne pensent que « c'est moi le méchant et mon partenaire c'est le bon ». Vous ne supportez pas l'idée qu'aux yeux des gens il sera bien débarrassé. Vous serez le mouton noir, le diable qui sème le trouble alors que votre partenaire bénéficiera d'une image de victime.

– Ne nous cherchent des noises. « Ils vont nous poursuivre et vont, indirectement, me marquer du sceau de l'infamie. Je serai marqué à vie comme naufrageur de ménage ! »

Avec toutes ces craintes, vous maintenez un profil bas quand vous rencontrez cette nouvelle personne. Vous ne vous libérez qu'à son domicile. Pas de sorties en ville. Si vous sortez, ce sera dans une autre ville, loin de celle où vous habitez. Même alors, même loin de la foule, vous surveillez toujours vos arrières en vous demandant qui vous regarde, qui va vous surprendre et tout raconter au reste du monde. L'idée vous trotte dans la tête que tôt ou tard ce sera dit. Et que se passe-t-il si cela se produit ?

Est-ce que votre relation s'interrompt brutalement ? Est-ce qu'elle vous explose à la figure ? Non, au contraire. Vous devenez encore plus rusé et plus effrayé. Et plus sera grand le risque d'être découvert, moins cette relation sera rendue publique. Vous allez tellement vous habituer à cette *vie privée* qu'il deviendra difficile d'en changer. Même après le divorce, vous n'arriverez pas à vous montrer en public avec votre nouvelle personne. C'est trop dangereux pour vous. Les mêmes peurs vous hantent et ne disparaîtront jamais.

Le secret est dangereux parce qu'il est évitement. Vous ne voulez pas que les autres sachent ce que vous faites ou pourquoi vous le faites, alors vous évitez les gens. Des commérages au sujet de votre liaison peuvent prendre naissance et se répandre dans toute votre communauté. Mais les commérages ne font pas de mal, sauf si vous vous sentez honteux. De toutes façons vous vous sentirez coupable, que les gens parlent publiquement ou en privé. Vous vous sentez coupable rien qu'à la pensée que les gens pourraient en parler s'ils étaient au courant. Alors, d'une façon ou de l'autre, vous vous sentez coupable. C'est pour cela qu'il est bien préférable de cesser de se cacher si cette relation est sérieuse.

Ce qu'il faut faire à la place :

– Premièrement, en finir avec la relation que vous bafouez. Si c'est déjà fini, attendez un mois avant d'annoncer votre nouvelle liaison. Cela vous donnera le temps de savoir si c'est autre chose qu'une répétition.

– Présentez cette nouvelle personne à de bons amis et à vos enfants – si vous en avez. Indiquez à votre ex-conjoint, au cours de la conversation, que vous sortez avec quelqu'un d'autre. Faites de même avec une ex- ou un ex-petit ami. Attendez d'être en terrain solide vis-à-vis de ces personnes. Attendez environ un mois. Pendant ce temps, montrez-vous en public avec cette personne.

– Présentez votre nouvelle personne à vos parents.

– Introduisez-la dans votre vie en participant ensemble à des activités de loisirs ou en allant ensemble à des conférences.

– Ayez une réponse toute prête en cas de rumeurs ou si les gens vous interrogent directement : « C'est à cause de lui que vous avez rompu avec votre mari, ou votre femme ? » Répondez : « C'est vraiment sans importance. Je suis désolé que vous pensiez ça. Si nous parlions d'autre chose, je serai ravi de discuter avec vous. » Utilisez la méthode D.E.S.C. pour résister à leurs pièges verbaux et à leur jeu de la culpabilisation. Les gens sont très forts à ces jeux. Attention aux peaux de banane du genre : « Ça ne vous dérange pas de faire ça dans le dos de votre ex ? » Evidemment que vous ne vous sentez pas trop fier, mais ce n'est pas l'affaire des autres. Vous ne devez aucune explication. Laissez tomber.

5. Séparation et divorce

Il y a de nombreuses raisons à la faillite d'une relation. Mais c'est dur de rompre. Vous ne jetez pas l'éponge et ne vous résignez pas vous-même à mettre fin à cette relation à moins que vous n'arriviez vraiment pas à arranger les choses. Vous le reconnaîtrez à deux signaux : d'abord, essayer ne fait qu'empirer les choses ; deuxièmement, un jour ça va, l'autre non ; il n'y a rien de cohérent. Un jour vous pensez aller de l'avant, tout paraît merveilleux. Le lendemain vous êtes en plein roulis, tout s'écroule et vous vous retrouvez à la case départ. Vous êtes prêt à renoncer. Vous pensez à la séparation ou au divorce. Vos amis vous y encouragent, vos parents proposent même de vous payer un avocat. Mais vous n'y arrivez pas. Il vous est impossible d'agir en ce sens. Pas encore.

Quelque chose vous retient et empêche la séparation ou le divorce. Des choses dans la relation ou en vous-même vous troublent. Vous en êtes obsédé. Vous tremblez rien qu'à l'idée de voir un avocat. La peur s'en mêle. Vous n'arrivez plus à envisager la vie sans ce partenaire. Vous n'en voulez pas. Pourquoi ? Considérons les raisons que vous avez pu vous donner à vous-même. Pour chacune, voyons comment surmonter la peur :

« Je ne peux pas, à cause des enfants. »

Vous vous refusez à quitter cette relation de crainte de détruire le fantasme de *famille,* décrit par Norman Rockwell. Vous voulez une *famille heureuse.* Vous craignez qu'en la brisant vous ne causiez des dommages psychologiques irréparables à vos enfants qui pourraient perdre le sens des valeurs familiales. Ils ne sauront pas ce qu'est un papa ; ils ne sauront pas ce qu'est une maman. Ceux de leurs amis qui ont un papa et une maman leur paraîtront étrangers. Ils ne pourront faire face et ce sera votre faute.

On peut considérer la situation d'un autre point de vue : vous ne brisez pas la famille, vous sauvez la famille. Souffrir pendant encore vingt ans les mauvais traitements verbaux et physiques, l'alcoolisme et la violence, l'infidélité, les retours à une heure avancée de la nuit d'un conjoint qui ne rentre pas à la maison – tous ces problèmes peuvent causer bien plus de dégâts psychologiques, à la fois à court et à long terme, qu'un divorce. En fait, le divorce délivre vos enfants d'un environnement stressant. Ils n'auront plus à éviter et à fuir des situations trop difficiles. Ils n'auront plus à se sentir humiliés, embarrassés ou effrayés. Ils ne croiront plus qu'ils sont la cause de vos problèmes.

« Je ne peux pas, à cause de mes parents. »

Peut-être vous accrochez-vous à cette relation parce que vos parents, et toute votre famille, aiment votre conjoint. On le trouve merveilleux. Vos parents disent : « C'est la meilleure chose qui te soit jamais arrivée ! » Ils ne vous laisseront d'ailleurs jamais l'oublier. Vos proches vous enfoncent ça dans la gorge à chaque occasion. Ce mari (ou cette femme) à leurs yeux, c'est « Dieu ». Comment osez-vous critiquer Dieu ?

Vous êtes vraiment déchiré quand il y a quelqu'un d'autre. Votre culpabilité redouble. Vous aimeriez partager votre dilemme avec vos parents, leur expliquer les difficultés de votre mariage, et tout ce que vous entendez de leur part c'est : « Tu sais, je pense que ta femme est formidable ! » Ne comptez pas sur vos parents pour vous comprendre. Ils ne le peuvent pas. Et vous vous sentez totalement prisonnier.

Vous pouvez parvenir à mettre fin à une liaison avec une personne que vos parents et votre famille apprécient, si vous…

– Leur dites ce que vous êtes en train de faire et que vous n'attendez aucun soutien de leur part. Vous ne le recherchez pas et ne serez donc pas déçu de ne point le trouver.

– Agissez selon votre décision. Faire des allers-retours en jouant avec vos émotions fait de vous la cible des critiques de vos parents. Vous n'en avez nul besoin et vous pouvez les éviter en planifiant votre stratégie par avance et en la mettant à exécution avec efficacité.

Souvenez-vous que si vos parents et votre famille adorent votre conjoint, c'est parce qu'il dit ou fait des choses qui leur plaisent. Cela ne signifie pas que ces choses soient nécessairement bonnes ou saines. C'est juste que vos proches les trouvent satisfaisantes. Pensez-y. Peut-être que votre femme boit ou joue aux cartes avec votre mère ? Peut-être aime-t-elle aller au café avec votre famille ? Mais vous, vous ne buvez pas et ce genre d'amusement ne vous convient pas. Autrefois oui, plus maintenant. Mais cela plaît toujours aux vôtres. Cela n'en fait pas une bonne chose pour autant et ne valide pas, non plus, le comportement de votre épouse.

« Trois fois, je n'en peux plus ! »

Vous voudriez bien, mais il y a un hic. Ce serait votre deuxième divorce, ou peut-être même le troisième. « Encore ! Comment est-ce possible ? Pourquoi est-ce que je n'arrive pas à rester marié ? » Ce genre de questions qui vous remet en cause creuse un trou profond dans votre psyché. C'est par ce trou que va s'engouffrer le flot de la culpabilité. Vous vous sentez très mal. « Qui voudra de quelqu'un qui a divorcé trois fois ? » Vous avez peur de vous retrouver instantanément renvoyé sur le marché des célibataires : « Trois fois et je suis fini ! ». Alors vous décidez de tenir bon pour éviter l'humiliation d'un nouvel échec.

Il vous faut accepter que le nombre de vos mariages, ou de vos liaisons, n'est pas la jauge de votre estime de vous-même. Réaliser que l'on répète les mêmes mauvaises relations ne se comprend pas rapidement. Pas en une nuit. C'est petit à petit, à travers essais et erreurs, que se produit cette découverte. Vous découvrez vos erreurs en chemin ; vos choix ont mal tourné à cause des promesses non tenues et de l'apparition de la codépendance. Avec le deuxième ou troisième mariage, la lumière commence à poindre. Vous atteignez une meilleure compréhension de ce qu'il ne faut pas faire et êtes prêt à recommencer en faisant ce qu'il faut. N'ayez jamais honte de prendre le temps d'apprendre des choses nouvelles qui peuvent améliorer votre existence.

« Je ne veux pas tout recommencer ! »

La vie continue après le divorce, mais pas si vous refusez de recommencer. Les couples qui se sont mariés, se sont fréquentés ou ont vécu ensemble depuis l'université n'ont peut-être pas la plus petite idée de comment vivre seul. Vous n'avez jamais appris les bases d'une rencontre. Vous pensez que vous n'allez jamais pouvoir survivre par vous-même. Vous êtes passé de la maison de papa et maman à celle de votre époux. Pas d'intervalle entre les deux. Votre vie sociale était limitée. Vous faisiez pratiquement tout ensemble. La glu romantique vous collait l'un à l'autre. Vous étiez inséparables. Sur le plan sexuel vous avez commencé de bonne heure avec votre épouse, et vous vouliez que ce soit la seule et unique relation de votre vie. D'ici à l'éternité, avec la même personne... C'est comme ça que vous pensiez à l'époque.

Mais cette façon de voir ne colle plus avec votre vie actuelle. Vous ne voulez pas rester avec cette personne pour toujours. Vous ne le voulez plus. Mais quelle est l'alternative ? Pouvez-vous aller travailler ? Non... Pouvez-vous changer d'emploi ? Non... Pouvez-vous rencontrer d'autres gens ? A peine... Alors que faire ? «Je n'en ai pas la moindre idée, et j'ai trop peur d'essayer. J'en conclus que je suis coincé.» Et vous vous arrêtez là.

Mais, en fait, on n'est jamais coincé, on est seulement pris dans des turbulences transitoires. Tout le monde souffre du syndrome du je-ne-sais-pas-quoi-faire. Il fait partie d'une croissance normale. Se penser ignorant de choses aussi simples qu'entamer une conversation ou aller chez l'épicier pour son propre compte n'arrive que lorsqu'on croit à quelque chose d'éternel. Mais ce n'est plus le cas. Commencez en faisant l'inventaire de ce que vous savez ou ne savez pas faire.

Etape 1. Décrivez vos forces et vos faiblesses :

– Je peux parfaitement faire :
1. ....
2. ....
3. ....
4. ....

– Je ne suis pas sûr, ou je ne sais pas faire :
1. ....
2. ....
3. ....
4. ....

Y a-t-il davantage d'items dans le second inventaire ? Sûrement. Il y a toujours davantage de choses que nous ignorons. Ne vous sentez pas frustré.

Etape 2. Quelles sont les personnes qui pourraient m'aider à faire ce que je ne sais pas faire ?

[Nom...] comment peut-il (elle) m'aider ?

1. ....
2. ....
3. ....
4. ....
5. ....

Etape 3. Parlez à ces gens, en personne. Posez-leur des questions spécifiques sur les terrains où vous êtes faible. Ne vous sentez ni rabaissé, ni honteux. Appuyez-vous sur leurs connaissances. C'est agréable d'avoir, pour changer, des idées qui ne blessent personne.

6. Critères pour sélectionner de nouvelles relations

Testez votre perspicacité. Vous êtes resté encroûté dans l'ornière pendant trop longtemps, vous tombiez toujours sur le même type de personne sans pouvoir mettre en place de relation. C'est un manège plein de hauts et de bas prévisibles, avec de trop nombreux bas. Vous ne semblez pas capable de rompre ce cercle vicieux, bien que sur le plan émotionnel vous sachiez très bien que vous courrez à une nouvelle crise si vous n'agissez pas rapidement. Encore un raté de ce type et vous serez vraiment au fond du trou. Et ce n'est vraiment pas le moment !

Alors, vous vous allongez et restez à attendre la bonne aubaine. « Je reconnaîtrai la bonne personne quand elle se présentera, croyez-moi, je le saurai ! » Et vous le pensez vraiment. Vous jureriez sur la Bible que vous reconnaîtrez le partenaire parfait si vous en avez l'occasion. Une seule occasion, c'est tout ce que vous demandez. Bien, mais vous avez déjà eu cette occasion. Votre Mademoiselle Très bien a traversé votre vie à plusieurs reprises, et vous ne l'avez jamais reconnu. Elle était justement là, et vous ne l'avez pas vue !

« Non, c'est impossible. Comment serait-ce possible ? N'aurais-je pas vu la différence ? » Non, vous ne l'avez pas vue. Vous avez regardé à travers elle comme si elle avait été transparente. Vous dédaignez automatiquement ce genre de personne. Elles n'ont pas l'ombre d'une chance avec vous, parce que vous vous sentez mal à l'aise auprès d'elles et pensez que c'est de mauvais augure.

a) Le principe de l'inconfort

La première règle pour changer de critères est la suivante : *ce n'est pas grave si on ne se sent pas à l'aise.* Si vous vous sentez nerveux, intimidé ou même inférieur auprès de quelqu'un, pensant qu'il (ou elle) vous est tellement supérieur(e), alors vous êtes probablement sur la bonne voie. Il (ou elle) n'est en rien meilleur que vous, mais ses actes vous enseignent ces choses nouvelles que vous avez besoin d'apprendre pour entamer une relation solide.

Les choses que j'ignore

« Parler à cette personne me donne la chair de poule. » Pourquoi donc ? Est-ce qu'elle boit trop ? Non. Est-ce qu'elle vous insulte ? Non. Se montre-t-elle grossière à votre égard ? Absolument pas. Alors de quoi s'agit-il ? « Elle fait des choses étranges comme parler théâtre ou politique... Elle veut aussi m'amener à une conférence à l'université. C'est idiot. Je n'aime pas ça. »

Faux ! Ce n'est pas que vous n'aimiez pas ça, c'est que vous ne savez pas comment vous y prendre. Les activités dont elle parle vous paraissent ennuyeuses parce que vous ne les avez jamais pratiquées auparavant. Vous vous sentez tout bête et avez horreur de ça. Par exemple, prenez son don pour la conversation. Vous n'avez pas l'habitude de discuter longuement d'un sujet. La plupart des garçons avec lesquels vous êtes sortie ne parlaient que par monosyllabes : « Ouais... Bof... Peut-être... », ou alors parlaient sans arrêt d'eux-mêmes. Mais pas celui-là. Il veut que vous *parliez avec lui*. Il partage la tribune avec vous. Ce que vous pensez l'intéresse ET cela vous effraie car vous vous sentez soudain ignorante. « Il en sait tellement plus que moi, je parierais qu'il me prend pour une cruche ! »

Vous n'êtes pas une cruche, vous avez peur. Vous êtes terrifiée parce que vous ne pouvez lui répondre avec aisance, comme vous le faisiez avec les autres garçons. Alors, plutôt que de vous concentrer sur vos propres erreurs vous prenez la tangente. Vous disqualifiez cette personne en la taxant d'être trop brillante, trop bavarde et trop bizarre pour vous.

Et gare à l'ironie de la chose ! Hier encore, vous insistiez en disant à votre meilleure amie que le prochain garçon avec lequel vous sortiriez serait intelligent, un gentleman, et serait conscient de ses actes. «Je ne veux plus de Monsieur Macho Mec. Il devra avoir de la cervelle, sinon, rien à faire. » Et vous juriez que ce serait comme ça. Et vous venez tout juste de ravaler vos propres paroles. Ce type bizarre que vous venez d'écarter en deux temps, trois mouvements, avait justement ce profil. Vos serments sont devenus caducs parce que, bien que vous soyez capable de décrire la personne souhaitée, la rencontrer en chair et en os fait rapidement remonter les vieilles habitudes à la surface. Votre façon de parler, de marcher, de rire et d'entretenir l'interaction vient en droite ligne d'une chaîne de relations qui ont mal tourné. Vous savez qu'elles ont mal tourné, mais cela ne suffit pas. Le fait de savoir qu'elles se sont mal terminées ne signifie pas que vous avez changé votre manière d'agir avec vos relations. Vous agissez toujours de la même façon.

Vos mots, votre langage du corps et tout votre comportement envoient à la personne bénéfique un message puissant : « Restez à distance ! » Vous repoussez, par mégarde, la personne bénéfique et attirez les gens malsains comme le miel attire les mouches.

Des choses dont je ne sais pas comment me débrouiller

Une des raisons qui vous poussent à mal réagir, c'est que vous ne savez pas quoi faire face au comportement d'une personne saine. Que vais-je en faire ? Cela semble étrange. Ça ne vous est jamais arrivé auparavant. Vous n'avez même jamais vu ça, avant. Mais vous en avez lu quelque chose. Et voilà que c'est devant vous ; vous ne voulez pas l'écarter, mais vous vous sentez totalement paralysé et honteux.

Si vous utilisez les techniques enseignées dans cet ouvrage, vous ferez plus qu'éliminer simplement la culpabilité : elles vous prépareront à des relations avec des gens sains. Vous affirmer, attirer l'attention sur vous, être égoïste, toutes ces attitudes sont normales chez des gens bien portants. Il semble raisonnable que des gens en bonne santé du sexe opposé soient désormais attirés par vous. Votre comportement correspond maintenant au leur. Les semblables s'attirent. Oubliez le vieux dicton selon lequel « les contraires s'attirent », c'est un non sens. Vous êtes loin d'être l'opposé des nouvelles personnes qui désirent vous connaître. De même, de diverses manières vous allez obligatoirement rencontrer des personnalités variées et intéressantes dont vous n'auriez jamais pensé qu'elles puissent vous prendre au sérieux.

C'est maintenant qu'il vous faudra voir clair et choisir avec pertinence. Vous avez peut-être dépassé *le principe de l'inconfort* et pouvez faire face à des choses que vous ignoriez ou dont vous ne saviez pas comment vous y prendre. C'était le plus difficile. Maintenant vient la partie la plus facile. C'est ici que vous allez apprendre à déterminer en quelques secondes si une personne est adéquate ou non. Représente-t-elle un risque majeur ou un risque mineur ? Vous connaîtrez immédiatement la réponse.

b) A, B, C et quelques autres...

Choisir une relation, c'est comme acheter une voiture. C'est un processus sélectif. Vous traversez des étapes naturelles avant de vous décider. D'abord vous lisez des documents sur cette voiture, ensuite vous regardez la publicité à la télévision ou vous y jetez un coup d'œil en passant sur la route. Vous n'en prenez pas impulsivement une qui vous paraît bien. Troisièmement, vous calculez vos dépenses. Quatrièmement, vous faites un essai, puis vous laissez mijoter un jour ou deux. Finalement, vous décidez si vous pouvez vous offrir cette voiture. Si c'est le cas, vous l'achetez.

Il devrait en être de même en ce qui concerne les relations. Sont-elles *abordables ?* Vous apportent-elles le kilométrage émotionnel que vous souhaitez au prix qui vous convient ? Il ne faut pas prendre trop en considération le coût émotionnel d'une relation : vous pouvez vous réaliser davantage dans une relation dont le coût émotionnel sera moins élevé. Tout est affaire d'enjeu. Avec les voitures, des guides de références et des comptes-rendus d'essai peuvent vous aider à estimer le risque. L'*Argus* et les brochures des concessionnaires indiquent la valeur des voitures. Mais il n'existe pas d'*Argus de la psychologie.* Serait-il du même usage ? Pourrait-il évaluer la valeur et le risque d'une relation avant même de vous y être engagé ?

Oui, il existe. Un barème psychologique peut mettre le doigt sur des comportements à fort ou à faible risque chez votre partenaire, il peut prévoir à quel point une relation sera bénéfique. Les comportements à haut risque sont le signal d'une relation mal fondée. Il faut vous attendre à ce que les mêmes vieux problèmes refassent surface rapidement. Des comportements à faible risque prédisent le contraire : des interactions saines. Parler, partager et s'intéresser deviennent plus aisés. Vous risquez moins de glisser en arrière dans un rôle de gardien, de codépendance ou de victime. Et cette fois, personne ne sera blessé.

Les comportements à hauts risques et à bas risques sont définis dans le tableau ci-contre. Regardez-le pendant un moment; c'est un canevas psychologique assez inusité.

Critères pour de saines relations

Si vous vous sentez mal à l'aise... C'est bien. Restez avec cette personne A

PERSONNE A	PERSONNE B	PERSONNE C
AFFIRMEE : – Exprime ses opinions. – Se critique et vous critique. – Peut être vulnérable. – Reconnaît ses erreurs. – Se complimente et vous complimente. – Ecoute et parle.	**AGRESSIVE :** – Ne critique que vous. – Se vante. – N'écoute pas. – Exprime des exigences.	**PASSIVE :** – Semble un « bon écouteur ». – Aime tout ce que vous faites. – Reconnaît ses erreurs. – Ne dévoile rien de personnel. – Fait remarques et excuses.
SOUPLE : – Accommodante. – A l'aise avec tout le monde. – Gentille avec tous les âges. – Propose le compromis. – Recherche la réciprocité. – S'adapte aux situations nouvelles. – Demande votre aide.	**RIGIDE :** – Ne peut modifier son emploi du temps. – Perfectionniste. – Compulsive. – « Ma façon ou la porte ! » – Vous blâme. – N'admet jamais ses erreurs.	**TROP SOUPLE :** – Cède à la pression. – Est toujours d'accord. – Craint le rejet.
CONSTANTE : – Il faut faire ce qu'on dit (elle comme les autres). – Poursuit sa route.	**IMPULSIVE :** – Energique, mais imprévisible. – Encline à l'usage de substances.	**INCONSTANTE :** – A peur d'agir. – Semble paresseuse.

Voyons maintenant comment fonctionne ce tableau. La plupart de vos relations antérieures concernaient probablement des personnes du type B ou C.

La personne B

La personne B a tendance à se montrer **agressive.** Elle vous reproche ses propres erreurs au lieu de se blâmer elle-même. Elle ne sait pas écouter et donne sans cesse des ordres. Partager ses faiblesses personnelles est *interdit.* Elle n'ose pas exposer ses défauts de crainte d'être prise pour une idiote ou qu'on en sache trop sur elle.

Elle est également **rigide.** Les personnes rigides ne peuvent briser leurs schémas étroitement structurés. Elles organisent à la baguette. Les choses doivent suivre un certain ordre, sinon c'est de *votre* faute. Aucune modération. C'est blanc ou noir, il n'y a rien entre les deux. « Ma façon, ou la porte ! » C'est un mode de pensée perfectionniste ; les fautes y sont intolérables et les gens qui ne respectent pas l'ordonnance de sa vie le sont aussi.

Cette personne est également **impulsive.** Cela peut entraîner beaucoup de conséquences, pour beaucoup de gens. Et malheureusement, les individus impulsifs peuvent être de mauvais guides. Supposons, par exemple, que vous rencontriez une personne débordante d'énergie. Elle parle et marche très vite. Elle est énergétisante, optimiste, toujours à essayer des nouveautés, audacieuse. Ce qu'elle fait vous brouille les idées et son comportement est contagieux. Vous n'auriez pas l'idée de commander une pizza à 2 heures du matin, mais c'est pourtant ce que vous faites si elle est là. En sa présence tout marche sur des roulettes. Vous ignorez ce qui va se passer d'un jour à l'autre. C'est comme un cirque à trois pistes plein de surprises, et vous êtes assis sur le rebord, en train de déguster votre pop-corn et de profiter du spectacle.

Vous êtes attaché à son éternelle excitation parce qu'elle arrive à un moment où la vie vous ennuie. Vous voulez de l'air, de la fantaisie ; vous voulez vous sentir libre. Alors arrive le Prince Charmant avec son sac à malices qui vient vous distraire de votre existence monotone, et vous êtes pris à l'hameçon. Cela semble bon. Cela semble bien. Et rapidement vous tombez sous son contrôle. Quand vous êtes enfoncé jusqu'aux narines dans les sables mouvants, vous réalisez que quelque chose ne va pas. Au début, ses surprises étaient amusantes. Maintenant c'est fatiguant. On ne sait jamais ce qui va suivre. Tout est imprévisible. Il dit une chose et en fait une autre. Vous ne pouvez pas faire de projet, vous ne pouvez pas organiser votre vie avec lui. C'est à ce moment que la sensation du « Oh ! non, pas de ça encore une fois ! » réapparaît. Vous avez été aspiré dans un nouvel échec relationnel.

La personne C

Vous avez compris la leçon. Plus de rapports impulsifs du type « Fais-moi planer ! » Vous voulez quelqu'un qui a les deux pieds sur terre. Alors, la personne C entre en scène. Fidèlement, C sourit quand vous souriez. Elle communique immédiatement ses sentiments. Vous savez qu'elle s'intéresse vraiment à vous ; elle vous écoute et propose de vous aider à vous en sortir, sans piège à la clé. Vous n'avez rien à faire pour l'aider en retour. Cela vous semble merveilleux, étonnant. Vous êtes sur le toit du monde. « Enfin, quelqu'un m'admire vraiment pour ce que je suis, sans que j'aie à faire des contorsions ! » Au début vous êtes sous le choc : « Je n'arrive pas à croire que cette personne m'aime autant – il doit y avoir une erreur. »

Mais il n'y a pas d'erreur. Cupidon vous a tous les deux transpercés de sa flèche. C est gentil, compatissant et facile à vivre. Vous comptez les points. Au début, vous considérez sa souplesse comme un soulagement bienvenu après le perfectionnisme rigide de vos autres partenaires. « Que c'est agréable de ne pas avoir à batailler sans cesse ! » Les rendez-vous se font en douceur. C'est vous qui choisissez le théâtre, les restaurants et même les couchers de soleil. Votre cavalier est parfaitement heureux de tous vos projets.

Pendant deux ou trois mois votre relation se déroule dans la quiétude. Puis une idée vous frappe : « Au fait, je ne sais pas vraiment ce qu'il (ou elle) pense ; il (ou elle) est toujours d'accord avec moi et fait ce que je désire. » Vous vous sentez égoïste et lui demandez poliment son opinion, pour vous entendre répondre : « Tout ce que tu fais est formidable ! » C vous flatte sans cesse : « Je n'ai vraiment rien à redire à ce que tu fais. » Et vous succombez.

Deux mois plus tard, vous constatez quelque chose d'étrange : toutes les tentatives d'entamer une discussion tombent dans l'oreille d'un sourd. C s'éloigne ou essaye d'arranger les choses. Cela vous met de plus en plus en colère, même en lui criant : « Ouvre-la et dis-moi ce que tu penses », rien n'y fait. Lourdement, vous insistez pour qu'il défende ses propres opinions – et toujours le même résultat : silence. Il ne dit rien et ne fait rien. Vous commencez même à remarquer qu'il ne met pas à exécution toutes les promesses qu'il vous a faites. La raison pour laquelle il ne discute pas *(passivité)*, fait tout ce que vous voulez *(trop grande souplesse)* et ne mène pas les choses à bien *(manque de constance)* c'est qu'il a peur des conflits, de la critique et du rejet.

Sa peur d'être rejeté ressemble à votre ancienne crainte du rejet, mais vous ne l'aviez pas remarquée de prime abord. Maintenant c'est fait, et votre première décision sera d'en finir avec cette relation.

La personne A

Alors, qu'est-ce qui reste ? La personne A. Est-elle le lot de consolation ? Seuls ceux qui ont tout raté ont-ils droit à cette récompense ? Ou bien est-ce l'autre façon de s'y prendre ? Est-ce que la personne A devrait être le premier type de relation recherché ? Oui ; c'est comme cela que ça devrait être.

La personne A devrait être votre premier choix pour plusieurs raisons. Elle vous oblige à accepter des comportements nouveaux qui sont salutaires et différents de ceux de B et de C. A vous empêche littéralement de vous en tenir à votre vieux moi. Vous ne pouvez plus exhiber des comportements entachés de culpabilité et continuer à sortir avec la personne A. Elle s'en apercevra immédiatement et vous le dira, ou mettra fin à la relation d'elle-même – vous n'aurez pas à le faire à sa place.

A est assuré :

– Il dit ce qu'il a en tête.

– Il admet ses erreurs et peut aussi pointer les vôtres.

– Il parle de lui et peut sembler égoïste ou arrogant, mais il vous complimente également.

– Il vous écoute et peut être en accord ou en désaccord avec ce que vous dites. Ses critiques à votre égard peuvent paraître cruelles, mais elles reflètent honnêtement son opinion.

– Il agit dans la réciprocité. Il vous rendra service si vous faites de même. Pas de rue à sens unique ici. Il recherche une relation équilibrée.

A est flexible :

– Il peut fonctionner dans toutes les situations et avec la plupart des types de personnalités.

– Il prend des risques minimes et n'a pas honte d'admettre ses échecs.

– Rien n'est gravé dans la pierre. Les déceptions ne sont pas une catastrophe. Il s'adapte à la vie comme elle vient. Il est capable de modifier ses plans, d'adopter de nouvelles idées ou d'accepter des alternatives. Mais ce n'est pas non plus un mollasson. Etablir un compromis consiste à autant à dire ce qu'on pense qu'à écouter.

– Il vous demande votre opinion, votre avis. Il vous considère d'abord comme un ami et, en second lieu, comme une relation intime. Cela peut vous sembler bizarre, car s'il ne veut pas sauter dans les draps avec vous au premier coup d'œil ni se focaliser sur votre apparence, vous pourriez penser qu'il est singulier ou qu'il ne s'intéresse pas à vous.

A fait preuve de constance :

– Il fait ce qu'il dit dans environ 90 % des cas.

– Il est loyal, mais pas de façon absurde. Il tiendra une promesse, mais pourra la rompre aussi. Et vous le saurez à l'avance. Il ne fait pas les choses à la dernière minute. Il ne fait pas de surprises quotidiennes. C'est pour ça que vous le trouvez ennuyeux. Le manque d'excitation peut vous donner la nausée. Ce n'est pas qu'il n'ait rien d'excitant, mais plutôt qu'il est davantage prévisible que la personne B.

« Bon, où vais-je donc trouver cette personne A ? » C'est la question à un million. Les critères d'une relation équilibrée n'ont pas de sens à moins que Monsieur ou Madame Super n'existent réellement dans votre environnement. Et vous en doutez plutôt. Vous ne pouvez croire qu'il (ou elle) ait échappé à vos regards. Vous avez monté et descendu l'avenue de toutes les rencontres pendant des années et vous n'avez rien repéré qui lui ressemble, pas vrai ?

C'est faux. Vous avez vu la personne A. Vous lui avez parlé. Et vous avez commis l'impensable : vous l'avez écartée d'un revers de main. Il (ou elle) avait l'air à côté de la plaque ; c'était tellement bizarre de la trouver là, que vous avez aussitôt perdu tout intérêt. La personne A n'avait aucune chance de se défendre. Il était totalement exclu qu'elle puisse entrer dans votre programmation amoureuse.

C'était alors. Aujourd'hui c'est différent. Vous êtes différent et vous êtes prêt pour que la Personne A entre dans votre vie. Vous en avez fini avec la spirale des culpabilités. Vous avez traversé *les dix étapes pour vous libérer de tout sentiment de culpabilité,* et pouvez vous regarder fièrement dans le miroir en disant : « J'ai vaincu l'ennemi ! » Vous avez pris le dessus sur les fantômes du passé alors même que vous le croyiez impossible. Mais rien n'est impossible. Les gens changent tout le temps. Et vous venez de le prouver. Vous avez prouvé que battre son ennemi intérieur permet de remettre les pendules à l'heure et de prendre du bon temps, à nouveau, quel que soit votre âge. Vous vous sentez vivant, rajeuni et avide de mener votre nouvelle vie.

C'est vous qui avez le contrôle maintenant. Votre destinée sera ce que vous en ferez. Devant vous s'étendent des jours plus paisibles, quels que soient les problèmes à affronter. Peu importe ce que vous ferez ni avec qui, la honte ne vous tourmentera plus. Elle ne le pourra plus. La honte, c'est la peur. Si vous avez peur des choses, des gens, peur d'oser, alors vous vous sentez humilié. Mais ce n'est plus votre cas. Vous êtes plus fort que la peur. Vous vous êtes nourri de ces dix étapes jusqu'à ce qu'elles soient devenues votre seconde nature. Les aptitudes que vous venez d'acquérir écartent la peur et la honte. Il n'y a pas de retour en arrière. Vous ne serez plus qui vous avez été. C'est comme rouler à bicyclette : une fois qu'on a appris on n'oublie jamais.

A partir de maintenant, soyez fier de votre nouvelle personnalité. Montrez-vous. Annoncez votre venue au monde entier. Et pourquoi pas ? **Vous méritez qu'on vous prête attention.** Et vous méritez les plus grandes louanges pour avoir vaincu la culpabilité qui vous habitait.

Table des matières

L'impression de cet ouvrage
a été réalisée par CLERC S.A.
18200 SAINT-AMAND-MONTROND (France)
Tél. : 02 48 61 71 71
pour le compte des ÉDITIONS DANGLES
18, rue Lavoisier – 45800 SAINT-JEAN-DE-BRAYE (France)
Dépôt légal Éditeur n° 2643 – Imprimeur n° 8259
Achevé d'imprimer en février 2004